城市轨道交通工程
全过程造价咨询及指标编制

上海正弘建设工程顾问有限公司 编著

同济大学出版社
TONGJI UNIVERSITY PRESS
·上海·

图书在版编目(CIP)数据

城市轨道交通工程全过程造价咨询及指标编制 / 上海正弘建设工程顾问有限公司编著. —上海：同济大学出版社，2023.9
 ISBN 978-7-5765-0067-7

Ⅰ. ①城… Ⅱ. ①上… Ⅲ. ①城市铁路—铁路工程—工程造价—造价管理 Ⅳ. ①U239.5

中国国家版本馆 CIP 数据核字（2023）第 172930 号

城市轨道交通工程全过程造价咨询及指标编制
Whole Process Cost Consultation and Indicators Compilation for Urban Rail Transit Engineering

上海正弘建设工程顾问有限公司　编著

责任编辑　李 杰　　**责任校对**　徐春莲　　**封面设计**　完 颖

出版发行	同济大学出版社　　www.tongjipress.com.cn	
	（地址：上海市四平路1239号　邮编：200092　电话：021-65985622）	
经　　销	全国各地新华书店	
排　　版	南京文脉图文设计制作有限公司	
印　　刷	常熟市华顺印刷有限公司	
开　　本	710 mm×1000 mm　1/16	
印　　张	10.75	
字　　数	215 000	
版　　次	2023 年 9 月第 1 版	
印　　次	2023 年 9 月第 1 次印刷	
书　　号	ISBN 978-7-5765-0067-7	
定　　价	70.00 元	

本书若有印装质量问题，请向本社发行部调换　　　版权所有　侵权必究

内容提要

本书以城市轨道交通工程全过程造价咨询为主线，着重介绍了我国城市轨道交通工程的计价体系、全过程造价咨询内容及方法、造价指标编制方法以及城市轨道交通工程造价管理中的大数据及BIM技术应用等内容。

本书以上海正弘建设工程顾问有限公司参与的10余个省（自治区、直辖市）的轨道交通工程项目为基础，从一个专业咨询公司的角度阐述了其对轨道交通工程全过程造价咨询及指标编制的认识、理解与思考，并分享了丰富的项目实践经验。本书既可作为轨道交通企业内部培训资料，也可供轨道交通从业者及相关行业读者参考阅读。

编 委 会

主　任：郭辰健
编　委：刘伟敏　于振华　沈　新　应建国　胡卫明　王　骏
　　　　郭培杰　袁康伯　徐波青　周中奎　陈　俊　林　播
　　　　张　艳　陈红梅　解子芹　王　翔　李圣兵　朱丽华

主　编：沈　新
编写组：彭向群　汪一江　耿文卿　许同泉　沈丹凤　王　伟
　　　　郑　洁　孔　颖　柳建勋　黄　菊　施健峰　王新宇
　　　　程　伟　贾少杰　彭晓雅　汪骏马　吴苑妮　胡永亮

主　审：李永奎
审核组：张建同　马国丰　王伟庆　邵晓燕　沈于荣　朱振宇
　　　　宋　玮　王　英　王　梅　陈国华　张金牛　曹超慧
　　　　刘越峰

序 一
FOREWORD

自19世纪中叶全球首条地铁诞生至今，以地铁为代表的城市轨道交通逐渐成为现代化大城市交通的发展方向，它不仅是人们日常交通出行的一种重要方式，也是建设绿色城市、智慧城市的有效途径。城市轨道交通发展之快、规模之大、水平之高和影响之深远，使其在经济社会中的地位迅速提升并具有战略性。

我国城市轨道交通起步于20世纪60年代，经过60余年的发展取得了举世瞩目的成就。截至2022年底，我国共有55个城市开通运营城市轨道交通线路，运营里程达10 287 km，开通城市之多、运营里程之长、客运量之大、运输效率之高均居世界前列。我国已成为名副其实的城市轨道交通大国，并向着智能智慧化、绿色低碳化、国产自主化的方向创新前行。

在我国城市轨道交通项目的规划建设过程中，工程造价咨询机构也积极参与，成为一股不可或缺的专业力量。上海正弘建设工程顾问有限公司作为全国较早成立的专业造价咨询公司之一，30年来始终活跃在工程造价咨询第一线，参与了上海、江苏、浙江、安徽、广东、广西、湖南、重庆、福建、山东、内蒙古、河北等10余个省（自治区、直辖市）的城市轨道交通工程建设，提供了全过程造价咨询、结算审核、招标代理、跟踪审计等专业服务，积累了丰富的实践经验。

本书以上海正弘建设工程顾问有限公司的工程实践为基础，围绕城市轨道交通工程全过程造价咨询的核心内容，对全过程造价咨询及指标编制进行了剖析与阐述。本书是对企业自身专业历程的总结与升华，既可作企业内部学习与培训之用，亦可供城市轨道交通建设者、管理者、爱好者等读者学习与参考，是难得的城市轨道交通工程造价咨询的典型案例集和生动教材。

中国城市轨道交通协会副会长兼秘书长

2023.8.22

序 二
FOREWORD Ⅱ

全过程工程造价咨询反映的是工程造价咨询机构或咨询人受委托人委托，应用工程造价管理的知识与技术，对工程项目从前期决策到实施，直至工程竣工的每个阶段的工程造价开展全过程的监督、控制与管理，并提供关于造价方面的决策咨询意见，为实现建设项目决策、设计、发承包、施工、竣工等各个阶段的工程造价管理目标而提供咨询服务的整个过程。

全过程工程造价咨询内容包括编制和审核可行性研究、投资估算、项目经济评价、工程概预算、工程结算、工程竣工结算、工程招标标底、投标报价等报告文件，以及提供有关工程造价信息资料等单项或多项服务，也包括对建设项目某个阶段或所有阶段全过程的工程造价监控服务与动态造价管理。

与传统的工程造价咨询服务相比，全过程工程造价咨询反映的是工程造价在某个时期、某个阶段的"动态成果"，是对工程造价的"动态控制"。因此，咨询人采用各种技术与经济手段为委托人当好"管家"，做好委托人的"投资参谋"，在工程投资控制中发挥关键作用。

本书以上海正弘建设工程顾问有限公司参与的城市轨道交通工程全过程造价咨询服务为例，对全过程造价咨询服务及其指标编制等内容进行了剖析与阐述。本书是对企业自身专业历程的总结与升华，可作为企业内部学习与培训资料，亦可供轨道交通建设者及相关行业读者学习与参考。

天津理工大学教授、博士生导师
中国民航大学经济与管理学院学术院长
天津理工大学公共项目与工程造价研究所所长

严玲林

目 录
CONTENTS

序一

序二

第 1 章　绪论　1

　1.1　城市轨道交通发展概述 ·· 1

　1.2　城市轨道交通工程造价管理 ··· 7

第 2 章　城市轨道交通工程计价体系　14

　2.1　我国现行工程计价体系 ··· 14

　2.2　工程定额体系 ·· 16

　2.3　工程量清单 ··· 20

　2.4　工程建设其他费用 ··· 23

　2.5　预备费 ··· 31

　2.6　专项费用 ·· 32

　2.7　我国轨道交通工程计价依据 ··· 32

第 3 章　城市轨道交通工程全过程造价咨询　38

　3.1　全过程造价咨询概述 ·· 38

　3.2　全过程造价咨询各阶段工作内容与成果 ····························· 40

　3.3　城市轨道交通工程全过程造价咨询应用实例 ······················· 50

第 4 章　城市轨道交通工程造价指标编制　95

　4.1　工程造价指标的定义与分类 ··· 95

  4.2 城市轨道交通工程造价指标编制方法 ……………………………… 97

  4.3 城市轨道交通工程造价指标的影响因素 …………………………… 106

  4.4 城市轨道交通工程造价指标编制与应用 …………………………… 109

第5章 城市轨道交通工程造价管理中的大数据及BIM技术应用 136

  5.1 大数据在造价管理中的应用及其探索 ……………………………… 136

  5.2 BIM技术在造价管理中的应用及其探索 …………………………… 140

参考文献 159

附 录 上海正弘建设工程顾问有限公司历年承接的城市轨道交通工程项目一览表 161

后 记 163

第 1 章

绪　　论

　　城市轨道交通全称为城市快速轨道交通，是指城市中有轨的大运量公共交通运输系统。城市轨道交通具有运量大、速度快、安全、准点、环保、节约能源和用地的特点，且拥有高质量设备、包含高创新技术。大力发展轨道交通，不仅是国家科学技术进步的体现，也是社会高速发展的体现。

　　目前，国际上轨道交通包含地铁、轻轨、市郊铁路、有轨电车、磁浮列车等多种类型。我国也有多种类型的城市轨道交通形式，它们共同构成了现代化城市一道亮丽的风景线。国家相关文件进一步提出了全面部署构建城市现代化基础设施体系的宏伟蓝图，确立了建设国家综合立体交通网络的主骨架，为我国城市轨道交通网络建设提出了高标准、高质量、高性能的科学规划，为城市交通的发展注入了新的活力与动力。

1.1　城市轨道交通发展概述

1.1.1　国外轨道交通发展概述

1. 城市轨道交通起源

　　不同国家或地区对城市轨道交通的叫法不一，有"地下铁道（简称地铁）""都市铁道""有轨高速交通""都市高速铁道"等。

　　1863年，世界上第一条地下铁路诞生于英国伦敦，它揭开了城市轨道交通发展的序幕，也对人口密集的大都市如何发展公共交通进行了大胆的尝试，并提供了宝贵的经验，尤其是1879年电力驱动机车的试验成功，有力地改善了地下客运环境和服务条件，为地铁建设带来了革命性的推动力。自此开始，英国格拉斯哥、美国纽约和波士顿、匈牙利布达佩斯、奥地利维也纳、法国巴黎等世界知名城市也相继建成了地下铁路。

2. 世界部分著名城市轨道交通发展现状

英国伦敦是地铁建设的发祥地,目前地铁已经成为伦敦公共交通的核心,轨道交通呈放射状布置,线路总长超过 1 200 km,年客运量约 8.5 亿人次。

美国纽约的轨道交通系统分为两个独立的系统——地铁网和通勤铁路网。地铁网为纽约中心城服务,商业运营线路长度约 394 km,是 50% 以上的纽约人上下班通勤首选的公共交通工具。

法国巴黎的地铁总里程超过 200 km,是内城公共交通的骨干,是全世界最密集、最方便的城市轨道交通系统。巴黎轨道交通包括地铁、轻轨铁路和市郊铁路,承担着其公共交通 70% 的运量。

俄罗斯莫斯科地铁全称列宁莫斯科市地铁系统,它拥有全世界排名前列的线网规模,线网结构呈环+放射形。截至 2021 年,莫斯科开通运营线路总长超过 420 km,共有 15 条地铁线路,工作日日均客流量超过 900 万人次。

日本东京拥有世界上最发达的轨道交通网络,其按功能可划分为三类:服务于中心城的地铁系统、服务于东京交通圈的私营铁路系统以及服务于首都交通圈的国际 JR 系统。据相关统计,截至目前,东京地区的轨道交通总里程已超过 3 000 km。

1.1.2 我国轨道交通发展概述

1. 我国轨道交通发展阶段

(1) 开始建设阶段。1965 年,北京开始了我国第一条地下铁道修建,但当初只是出于备战的考虑,工程按照"战备为主,兼顾交通"的方针设计建设。直到 20 世纪 80 年代末至 90 年代初,以上海地铁 1 号线、北京地铁复八线和广州地铁 1 号线建设为标志,我国真正以交通为目的的地铁项目才开始建设。

(2) 建设高潮开始阶段。随着我国经济的发展和城市化进程的加快,城市规模不断扩大,人口不断增多,城市交通问题也愈加突出。20 世纪末,我国城市轨道交通进入快速发展的建设高潮开始阶段。

(3) 建设调整阶段。由于轨道交通建设发展过于迅猛,20 世纪末的一段时间内,我国的城市轨道交通建设出现了一个盲目增长期。为了遏制这个势头,国家相关部门及时进行了政策干预,1995—1998 年的近三年时间,没有审批城市轨道交通项目。同时,1997 年底,国家计委开始组织研究城市轨道交通设备的国产化问题,把项目建设与促进城市轨道交通设备的国产化相结合,努力提高国内相关制造业水平。在此情况下,国家相关部委于 1998 年又开始启动了轨道交通建设项目的审批工作。

(4) 建设高潮阶段。随着积极财政政策的实施以及内需的进一步扩大,国家于 1999 年开始陆续批准一批城市轨道交通项目开工建设。目前,我国大城市、特大城市已经把建设大容量的快速轨道交通作为解决城市交通问题最主要的技术手段。

2. 我国城市轨道交通发展的政策引导

20 世纪末至 21 世纪初,我国城市轨道交通建设进入了一个初始高潮期,但一些地方也出现了不顾自身财力、盲目要求建设轨道交通工程的现象。有的未经国家审批,擅自新上轨道交通项目;有的盲目攀比,建设标准偏高,造成投资浪费;有的项目资本金不足,债务负担沉重,运营后亏损严重。针对这些不良现象,为了规范与引领我国城市轨道交通建设的健康发展,国务院办公厅于 2003 年 9 月 27 日颁布了《国务院办公厅关于加强城市快速轨道交通建设管理的通知》(国办发〔2003〕81 号)(以下简称《通知》)。该《通知》对申报发展地铁的城市设立了相应的基本条件:地方财政一般预算收入在 100 亿元以上,国内生产总值达到 1 000 亿元以上,城区人口在 300 万人以上,规划线路的客流规模达到单向高峰小时 3 万人以上。此外,该《通知》还明确了申报建设轻轨的城市应达到下述基本条件:地方财政一般预算收入在 60 亿元以上,国内生产总值达到 600 亿元以上,城区人口在 150 万人以上,规划线路客流规模达到单向高峰小时 1 万人以上。对经济条件较好、交通拥堵问题比较严重的特大城市,其城市轨道交通项目予以优先支持。

在政策的引导下,经过十多年的时间,我国城市轨道交通总体保持有序发展,对提升城市公共交通供给质量和效率、缓解城市交通拥堵、引导优化城市空间结构布局、改善城市环境起到了重要作用。但同时,城市轨道交通投资巨大、公益性特征明显,部分城市对轨道交通发展的客观规律认识不足,对实际需求和自身实力把握不到位,存在规划过度超前、建设规模过于集中、资金落实不到位等问题,这在一定程度上加重了地方债务负担。为贯彻落实党中央、国务院决策部署,坚决打好防范化解重大风险攻坚战,促进城市轨道交通规范有序发展,2018 年 6 月 28 日,国务院办公厅颁发了《国务院办公厅关于进一步加强城市轨道交通规划建设管理的意见》(国办发〔2018〕52 号)(以下简称《意见》)。该《意见》调整了城市轨道交通建设的申报条件:申报建设地铁的城市一般公共财政预算收入应在 300 亿元以上,地区生产总值在 3 000 亿元以上,市区常住人口在 300 万人以上。为引导轻轨有序发展,申报建设轻轨的城市一般公共财政预算收入应在 150 亿元以上,地区生产总值在1 500亿元以上,市区常住人口在150万人以上。拟建地铁、轻轨线路初期客运强度分别不低于每日每公里0.7万人次和0.4万人次,远期客流规模分别达到单向高峰小时3万人次以上和1万人次以上。

该《意见》不仅再一次明确了相关申报条件,更加确立了"量力而行,有序推进;因地制宜,经济适用;衔接协调,集约高效;严控风险,持续发展"的基本原则,着力加强全过程监管,严控地方政府债务风险,确保城市轨道交通发展规模与实际需求相匹配、建设节奏与支撑能力相适应,实现城市轨道交通规范有序、持续健康发展。

3. 我国轨道交通发展现状

截至2021年底,我国共有67个城市的轨道交通线网规划获批;正在实施的城市有56个,正在实施的建设规划线路总长6 988 km;共有51个城市开通运营城市轨道交通线路,运营线路275条,运营里程8 736 km。

2021年,城市轨道交通运量占公共交通客运总量的分担比率为43.4%。其中,上海、广州、深圳、成都、南京、北京、杭州、南宁8个城市的轨道交通运量占公共交通客运总量的分担比率超过了50%。在我国众多的城市中,北京、上海、广州的轨道交通建设发展是较为典型的实例。

北京城区轨道交通以地铁为主,轻轨为辅,线网密度大大增加,截至2022年,运营线网规模总长约870.5 km。这些线路可以保证市民在五环以内的出行不超过20 min到达目的地,从二环以内任何地点出发,5 min内就能找到一个地铁站。郊区卫星城与城市中心的联系采用市郊铁路的形式解决。

截至2022年底,上海轨道交通运营线网规模总长达936.16 km,日均客运量达到1 200万人次,承担65%以上的客运量,形成城际线、市区线、局域线三个层次的轨道交通网络。未来将形成市域快轨(包括城际铁路)、中心城区地铁线、局域中运量有轨电车"3个1 000 km"的轨道交通网络,基本实现10万人口以上新市镇轨道交通站点全覆盖。

广州城际快速轨道交通网采用了轻轨、直达快线和准高速铁路等多种轨道交通形式。截至2022年底,运营线网总长为621.55 km。交通线网在市内采取高架、地面、地下相结合的铺设方式,在市外一般采取地面铺设方式,以节约成本。当城际轨道交通线路建成,并与原高速公路和高速铁路联成网后,整个珠三角地区的交通线网可构筑"半小时生活圈"。

截至2022年12月31日,我国城市轨道交通运营线路长度统计如图1.1所示。

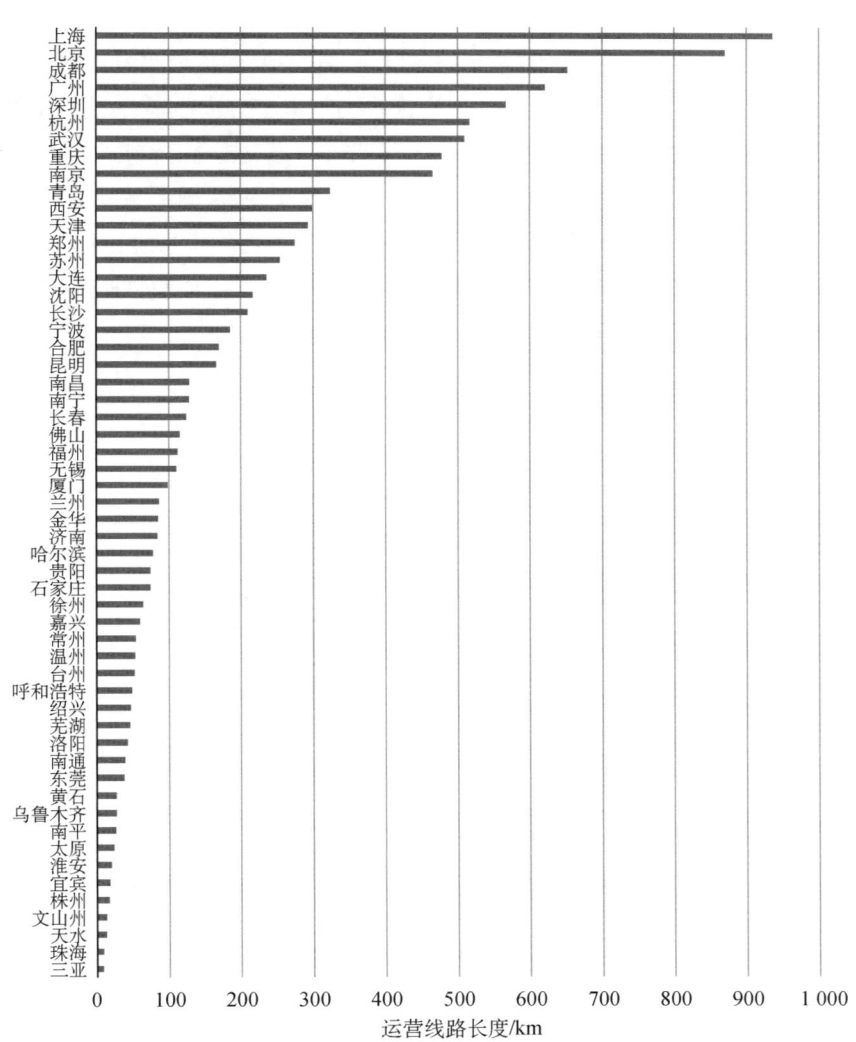

图 1.1　城市轨道交通运营线路长度(截至 2022 年 12 月 31 日)

4. 我国轨道交通的特点

我国轨道交通在发展过程中逐步形成了自身的一些特点,主要体现在以下几个方面:

(1)我国城市轨道交通建设体现为政府主导型。从国家政策的制定、规划建设的审批、建设资金的筹措、工程建设的实施、交付运营管理等各个方面,均充分体现了各级政府的主导作用。

(2)我国的城市轨道交通以地铁为主导,同时存在多种制式。《城市轨道交通分类》(T/CAMET 00001—2020)将城市轨道交通系统制式分为10类,分别为地铁系统、轻轨系统、市域快轨系统、磁浮交通系统、跨座式单轨系统、悬挂式单轨系统、自导向轨道系统、有轨电车系统、导轨式胶轮系统和电子导向胶轮系统。据相关资料统计,截至2022年底,我国共有9种在运营城市轨道交通系统制式,其中地铁系统制式最多,占比77.85%。其他制式占比情况如下:市域快轨系统占比11.89%,有轨电车系统占比5.49%,轻轨系统占比2.13%,跨座式单轨系统占比1.41%,磁浮交通系统占比0.56%,电子导向胶轮系统占比0.34%,导轨式胶轮系统占比0.23%,自导向轨道系统占比0.10%。详见图1.2。

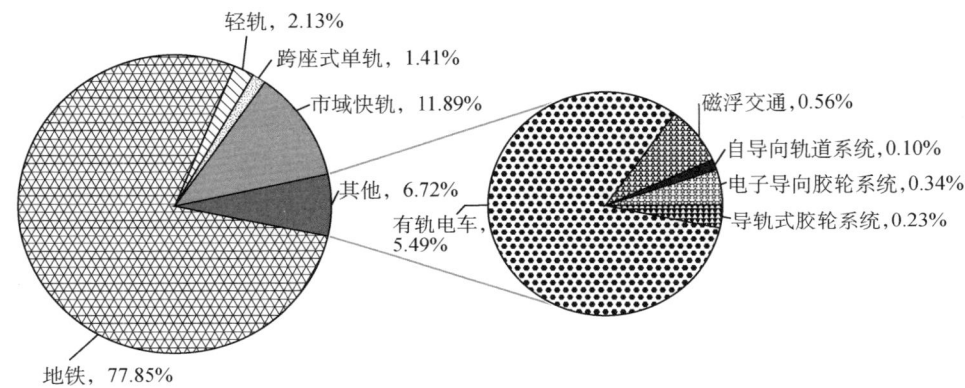

图1.2 我国不同制式城市轨道交通系统占比情况

(3)中国共产党第十九次全国代表大会就交通强国建设决策作出了部署,在明确了"推进城轨信息化,发展智能系统,建设智慧城轨"的建设主线后,我国城市轨道交通建设在技术创新、国产化率等方面取得了显著突破,但也有待进一步提高。信息化建设是智慧城市轨道交通建设的核心和基础,而智慧城市轨道交通包括智慧乘客服务便捷化、智能运输效率效益最大化、智能资源环境绿色化、智能列车运行全自动化、智能技术装备自主化、智能基础设施数字化、智能运维安全感知化、智慧网络管理高效化、城轨云与大数据平台集约化和智慧城轨技术标准系列化。将城市轨道交通信息化和智慧城市轨道交通相互融合成统一体,就可以实现城市轨道交通由高速度发展向高质量发展的跨越。

(4)城市轨道交通项目投资规模巨大、单位建造成本高、工程建设技术难度大、建设周期长、工程系统复杂、涉及专业面广。

(5)我国人口众多,加之城市化发展的推进,要求城市轨道交通运输量大、准时性与速达性高等,同时还需要考虑如何节约土地资源、如何降低噪声、如何减少与其他交通方式的干扰、如何降低建设费用、如何应对灾害事故及组织乘客疏散等一系列问题。

1.2 城市轨道交通工程造价管理

1.2.1 国际轨道交通工程造价管理的主要模式

世界不同国家和地区有着不同的工程造价管理方法和管理形式，在发达国家，工程造价管理日趋科学化、标准化、程序化，并且很多已形成国际惯例，其中尤以美国、英国、日本等国家为代表，各自都有其独特的项目投资计价模式。

1. 美国轨道交通工程造价管理模式

美国现行的工程造价管理模式主要由两部分构成：一部分为"软费用"，是业主经营所需费用，主要包括技术资金、设备购置及储备金、土地使用相关费用、财务费用、税金及其他相关的项目前期费用；另一部分是"硬费用"，是项目建设过程中实际发生的费用，主要包括施工阶段所需的人工费、材料费、机械使用费、现场业主代表及施工管理人员工资、办公和其他杂项费用、承包商现场的生活及生产设施费用，各种保险、税金、不可预见费等。

在工程造价的计价方面，美国没有统一的计价依据和标准，采用市场化价格。工程的估算、概算、人工、材料和机械消耗及相关定价，均由几个大区的行业协会组织实施，工程造价的计价模式主要由行业协会指定。美国也没有统一的消耗量定额。

美国的工程造价的组成内容包括设计费、环境评估费、地质土壤测试费、上下水费、暖气电接管费、场地平整绿化费、税金、保险费、人工费、材料费和机械费等，再加营造商15%~20%的利润和10%的管理费。在工程建设过程中，营造商可根据市场价格变化情况随时调整工程造价。在美国，业主通过委托咨询公司实现对工程施工阶段造价的全过程管理。

2. 英国轨道交通工程造价管理模式

英国的工程造价管理有全英统一的建筑工程量标准计量规则（Standard Method of Measurement of Building Works，SMM）和工程造价管理体系。政府投资项目和私人投资项目有不同的造价管理模式。政府投资项目的人工、材料等费用受国家标准的约束与限制,由财政部门依据不同类型工程的建设标准和造价标准,并考虑通货膨胀对造价的影响,确定投资额,各部门在核定的建设规模和投资额范围内组织实施,不得突破。而对私人投资的工程项目而言,在不违反法律法规的前提下,政府一般不会干预私人项目建设。

英国并没有统一的定额和计价标准,价格完全通过市场确定。投资者一般都会委托中介根据类似工程的价格指数来确定投资估算方案,作为设计、施工的造价限额。工程造价由业主和承包商依据SMM参照政府和各类咨询机构发布的造价指数、价格信息表等确定。

3. 日本轨道交通工程造价管理模式

在日本,政府投资的项目和私人投资的项目实施不同的工程造价管理模式。政府部门投资的公建项目实行的是全过程管理,从调查阶段、计划阶段、设计阶段、施工阶段、监理检查阶段、竣工阶段直至保修阶段均严格管理,统一组织并发布计价依据,实施全过程的直接动态管理,分可行性研究阶段、设计阶段和施工阶段进行投资控制。而对于私人投资项目,政府通过市场管理,利用招投标办法加以确认。

在工程造价计价模式方面,日本采用的有以下两种方式:其一,采用日本建设省发布的一整套工程计价标准;其二,采用量、价分开的定额制度,量是公开的,价是保密的,劳务单价通过银行调查取得。材料、设备价格由建设物价调查会和经济调查会负责定期采集、整理和编辑出版。

1.2.2 我国轨道交通工程造价管理的主要模式

1. 现行轨道交通造价管理的主要模式

我国轨道交通建设项目采用项目法人制,按项目决策阶段、设计阶段、发承包阶段、施工阶段及竣工验收五个阶段,实行动态、全过程、全方位投资控制。批复的可行性研究报告是建设项目规模的依据,经批准的初步设计概算是建设项目投资控制目标,建设管理公司在投资控制目标内组织实施。

现行轨道交通造价管理的主要模式是以建设项目批准的总概算、单项概算或分概算为控制目标,将各承揽合同价或拆分各承揽合同价列入概算对应的分部分项费用子项中,在项目建设过程中对投资实行动态跟踪控制,预测各分部分项概算执行情况,及时提出投资动态控制预警或建议,保证建设资金的最大投资收益率,将工程建设成本控制在目标值内。

现行轨道交通造价管理的主要模式体现在投融资体制、投资资金来源、造价管理模式、费用组成等几个方面。

1) 投融资体制

我国轨道交通投融资体制实行投资、建设、运营、监管主体的"四分开",通过发行债券、贷款融资、土地入股等手段,初步形成多元化的投融资体制,同时成立建设管理企业和运营企业,形成建设管理和运营服务多家竞争的格局。"四分开"投融资体制的初步确立,在一定程度上强化了政府公共投资功能,推动了建设与运营逐步规范、有序、合理。

2) 投资资金来源

目前国内关于城市轨道交通项目的融资渠道还比较单一,大部分资本金与借贷资金是政府出资和国内政策性银行的贷款。在轨道交通建设项目中,投资占40%~70%,融资占30%~60%。城市轨道交通建设项目资本金比例一般占总投资的50%左右。不同的比例决定了不同的融资工具和管理体制的采用,应积极借鉴国外经验,探索新的融资模式并对其风险进行识别规避,以此促进我国城市轨道交通建设的健康快速发展。

3) 造价管理模式

现行轨道交通造价管理模式主要有全生命周期造价管理模式、全过程造价管理模式和全面造价管理模式。我国现行轨道交通造价管理模式属于全过程造价管理模式,它是一种基于活动的项目造价确定和控制工作,通过对项目的各项活动分别确定工程造价并进行造价控制,实现项目投资效益的最大化,合理地使用人、财、物等资源。

(1) 现行轨道交通造价管理的计价方式

现行轨道交通造价管理的计价办法按照设计阶段划分,主要有定额计价和工程量清单计价两种方式。初步设计阶段编制概算采用定额计价方式;招标阶段、施工阶段主要采用工程量清单计价方式,部分辅以定额计价方式。

(2) 现行轨道交通造价管理的计量方式

依据清单计价与定额计价方式的不同,现行轨道交通造价管理的计量方式分别有清单计量规则和定额计量规则。由于这两种计量规则的差异,有时一个清单子目的计量值与清单组价的定额计量值是有差别的,如挖基坑土方。

清单计量是依据工程量清单计量规范进行计量。各地轨道交通工程采用的工程量清单计量规则在招标文件中均有约定,主要采用的计量规范有国标计量规范和各省(自治区、直辖市)的地方计量规则。清单计量主要用于施工招标阶段、施工阶段和竣工结算阶段。

定额计量是依据一定的施工方案确定各工序实际发生的工程量。定额计量中由于施工方案的不同，有时同一定额子目工程量也会不同。定额计量主要用于初步设计阶段的概算编制阶段。

4) 费用组成

我国现行轨道交通建设项目费用主要包括工程费用、工程建设其他费用、预备费和专项费用四个部分，详见表1.1。

表1.1 城市轨道交通建设项目费用组成表

序号	费用名称	序号	费用名称
第一部分 工程费用		1.14	运营控制中心工程
1.1	车站工程	1.15	车辆段与综合基地工程
1.2	区间工程	1.16	人防工程
1.3	轨道工程	第二部分 工程建设其他费用	
1.4	通信工程	2.1	建设用地费
1.5	信号工程	2.2	建(构)筑物迁建补偿费
1.6	供电工程	2.3	其他费用
1.7	综合监控工程	第三部分 预备费	
1.8	防灾报警、环境与设备监控工程	3.1	基本预备费
1.9	安防及门禁工程	3.2	价差预备费
1.10	通风、空调与采暖工程	第四部分 专项费用	
1.11	给排水与消防工程	4.1	车辆购置费
1.12	自动售检票工程	4.2	建设期投资贷款利息
1.13	车站辅助设备工程	4.3	铺底流动资金

2. 相关城市的造价管理模式

上海正弘建设工程顾问有限公司（以下简称"正弘公司"）在全国许多城市都有实施投资控制的轨道交通项目。各城市在全过程投资控制中实施的时间、范围、方式等各有差异，其中，上海的全过程投资控制范围最广、周期最长、力度最大。上海、广州、济南、长沙、厦门等几个实施时间较长的城市在造价管理模式、造价咨询（有的地方也称投资监理）工作内容、施工总承包范围与内容等方面都有各自的特点。

1) 造价咨询合同的委托方式

正弘公司实施的几个城市的轨道交通项目造价咨询，基本是从入围的造价咨询机构中公开招标优选造价咨询单位。咨询合同的工作内容及服务方式概括起来有两种情况。

（1）整线委托方式，即将一条地铁线路的全部投资控制工作委托给一家造价咨询机构，让其从项目决策阶段开始至竣工验收阶段全程参与，并完成项目后评价工作的全过程动态控制。工作内容包括概算审核、前期设计方案优选、招标清单及最高投标限价（也称投标限价、投标控制价）编制、合同管理、设计变更费用测算审核、竣工结算初审、项目审计配合等。

采用这种造价咨询委托方式时，造价咨询单位的工作量大、范围广、专业多，工作内容相对复杂，要求造价咨询人员尤其是项目负责人具有较全面的知识结构和综合的业务能力，能对政策文件、标准、规范等全面把握。这种全面的、全过程的造价咨询方式，有利于对项目投资的整体把控，也有助于提升造价人员的全面能力，尤其对目前造价体制改革趋势下的项目造价数据分析、全面指标测算、数据积累具有非常重要的作用。实行这种造价咨询委托方式的典型代表城市是上海。上海地铁建设项目的造价管理实行覆盖项目全部费用的总体控制。

（2）分标段委托方式，即将一条地铁线路的造价咨询工作划分为多个标段，分别委托给几家不同的造价咨询单位承担全过程造价咨询服务，并指定一家造价咨询公司作为总牵头单位负责各标段的汇总统计工作。广州、济南、长沙、厦门等几个城市的轨道交通项目基本采用分标段委托方式。

分标段委托方式的咨询工作是整条线路一段里程范围内建设内容的全过程造价控制。但具体的咨询工作内容不尽相同，例如：有的包含招标清单、最高投标限价编制及全过程投资控制；有的仅包含招标清单及最高投标限价编制；也有的仅包含全过程投资控制而不包含招标清单和最高投标限价编制。分标段委托方式的咨询工作内容根据各地具体做法的不同，存在或多或少的差别。

采用分标段委托方式时，单个咨询合同业务工作量相对较少，每个咨询公司负责的范围和领域相对较窄，工作难度有所降低。这种由不同咨询公司同时背靠背工作的方式，虽有利于提高同一工作内容质量的可比性、准确性、完善性，但也增加了相关方的协作与协调难度，不利于对项目总投资的动态、系统掌控。

2）施工总承包合同的承发包方式

结合正弘公司实施的轨道交通项目，依据承发包工程合同工作内容与范围，城市轨道交通项目施工总承包与发包方式主要有以下几种形式。

（1）一段里程范围内全部建设内容的总承包，即将线路中某一段里程范围内的前期工程、建安工程及相关配套工程等全部建设内容交由一家施工单位总承包，且允许联合体承包。合同计价方式包括总价包干计价、单价包干计价、预算包干下浮计价和资金补偿相结合等。采用这种总承包方式时，施工总承包企业总的协调工作量大，要求施工总承包企业具备较强的综合实力和风险承担能力。对于业主而言，协调工作量相对较小，但对项目监管力度须加强。广州、重庆、长沙等城市采用的就是这种模式。

（2）将一定范围内或一段里程范围内的前期工程、配套工程、建筑工程、安装工程等分别发包给具有一定资质的承包单位施工。合同的计价方式主要有总价包干计价和单价包干计价。采用这种承包方式时，每个合同段施工总承包单位的协调工作量较小。单一合同段公开招标优选施工企业，有利于业主选择技术实力雄厚、报价合理的施工企业，也有利于降低工程造价。上海、济南、厦门等城市基本采用这种模式。

（3）PPP(Public-Private-Partnership)模式。这种模式在城市轨道交通建设项目中比较少见，但也有城市采用，如长沙轨道交通6号线工程机电设备和特许经营期运营与维护工程标段采用的就是这种模式。

3. 现行轨道交通造价管理依据

轨道交通造价管理的依据概括起来主要有数据文件依据和法律法规依据。

1）造价管理的数据文件依据

我国轨道交通建设工程造价管理的数据依据是通过对各地已完工程、在建工程的估算、概算、最高投标限价、施工图预算、竣工结算等各阶段造价成果文件的整理分析而来，归纳起来主要包括以下内容：

（1）项目设计文件、施工组织设计（方案）资料；

（2）项目估算指标、概算指标、预算指标、结算指标等各类造价指标；

（3）项目的人工、材料、机械设备台班等要素价格信息资料及工程实物量指标；

（4）国家、行业、地方相关职能部门发布的计价定额、经济指标、管理办法、政策文件以及各类取费标准等；

（5）项目造价咨询过程中形成的各类成果文件，包括承揽合同文件、招投标文件、咨询成果文件等。

2）造价管理的法律法规依据

工程造价管理的法律法规依据是用来解决常见的工程造价相关问题的，主要包括以下内容：

（1）现行法律、法规，主要有《中华人民共和国民法典》《中华人民共和国建筑法》《中华人民共和国招标投标法》《建设工程质量管理条例》等。

（2）行政主管部门对工程合同造价管理的相关规定，如《建筑工程施工发包与承包计价管理办法》《工程造价咨询企业管理办法》《关于控制建设工程造价的若干规定》等。

（3）行业自律文件，如中国建设工程造价管理协会颁发的《工程造价咨询单位执业行为准则》《工程造价咨询业务操作指导规程》等。

4. 工程造价管理模式的发展思索与探讨

随着我国造价体制改革的深入，取消以定额为基础的静态计价的造价管理模式，建立以工程量清单计价为主的市场动态计价的造价管理模式，建立市场形成价格的机制，实现工程造价管理市场化，已成为一种趋势。造价咨询企业如何在激烈的市场竞争中立足与生存，如何做到稳步前行，如何争取挺立潮头，值得引起重视和思索。

（1）加强人才建设与管理，提升造价管理人员的经验及自身能力。企业拥有各专业的优秀造价人才和管理团队是关键，也是立足之本。

（2）建设优化的造价管理系统，形成更为先进、合理的造价管理模式。借助全面、完整、系统的数据提高企业工程造价管理的科学性。数据已经成为工程造价咨询机构的核心竞争力之一。

（3）云计算、大数据、BIM等先进技术运用越来越广泛，为工程造价咨询行业转型升级提供了有力的技术支撑，不仅可以大大提升工作效率，提高工程计量计价准确性，还可以提升工程造价咨询行业的专业服务能力。

（4）从历史项目中挖掘、寻找更有效的事前和事中工程造价管理方法，变被动为主动，真正实现工程造价的动态、科学、合理控制。

第 2 章

城市轨道交通工程计价体系

2.1 我国现行工程计价体系

我国的工程造价管理体系可以划分为工程造价管理相关法律法规体系、工程造价管理标准体系、工程定额体系和工程计价信息体系四个主要部分。工程造价管理相关法律法规是实施工程造价管理的制度依据和重要前提；工程造价管理标准是在法律法规要求下，规范工程造价管理的核心技术要求；工程定额通过提供国家、行业、地方定额的参考性依据和数据，指导企业的定额编制，起到规范管理和促进科学计价的作用；工程计价信息是在市场经济体制下进行造价信息传递和形成造价成果文件的重要支撑。从工程造价管理体系的总体架构看，工程造价管理相关法律法规体系和工程造价管理标准体系属于工程造价宏观管理的范畴，工程定额体系和工程计价信息体系主要用于工程计价，属于工程造价微观管理的范畴。工程造价管理体系中的工程造价管理标准体系、工程定额体系和工程计价信息体系是工程计价的主要依据。

2.1.1 工程造价管理标准

工程造价管理标准泛指除应以法律法规进行管理和规范的内容外，应以国家标准、行业标准进行规范的工程管理和工程造价咨询行为、质量的有关技术内容。工程造价管理标准体系按照管理性质可分为：统一工程造价管理的基本术语、费用构成等的基础标准；规范工程造价管理行为、项目划分和工程量计算规则等的管理性规范；规范各类工程造价成果文件编制的业务操作规程；规范工程造价咨询成果文件的质量标准；规范工程造价指数发布及信息交换的信息标准；等等。

（1）基础标准。包括《工程造价术语标准》（GB/T 50875—2013）、《建设工程计价设备材料划分标准》（GB/T 50531—2009）等。我国目前还没有统一的建设工程造价费用构成标准，而这一标准的制定应是规范工程计价最重要的基础工作。

（2）管理规范。包括《建设工程工程量清单计价规范》（GB 50500—2013）、《建设工程造价咨询规范》（GB/T 51095—2015）、《建设工程造价鉴定规范》（GB/T 51262—2017）、《建筑工程建筑面积计算规范》（GB/T 50353—2013）以及不同专业的建设工程工程量计算规范等。建设工程工程量计算规范包括《房屋建筑与装饰工程工程量计算规范》（GB 50854—2013）、《仿古建筑工程工程量计算规范》（GB 50855—2013）、《通用安装工程工程量计算规范》（GB 50856—2013）、《市政工程工程量计算规范》（GB 50857—2013）、《园林绿化工程工程量计算规范》（GB 50858—2013）、《矿山工程工程量计算规范》（GB 50859—2013）、《构筑物工程工程量计算规范》（GB 50860—2013）、《城市轨道交通工程工程量计算规范》（GB 50861—2013）、《爆破工程工程量计算规范》（GB 50862—2013）等。此外还包括各专业部委发布的各类工程量清单计价规范，包括《水利工程工程量清单计价规范》（GB 50501—2007）、《水运工程工程量清单计价规范》（JTS/T 271—2020）以及各省市发布的公路工程工程量清单计价规范等。

（3）操作规程。主要包括中国建设工程造价管理协会陆续发布的各类成果文件编审的操作规程：《建设项目投资估算编审规程》（CECA/GC 1—2015）、《建设项目设计概算编审规程》（CECA/GC 2—2015）、《建设项目工程结算编审规程》（CECA/GC 3—2010）、《建设项目全过程造价咨询规程》（CECA/GC 4—2017）、《建设项目施工图预算编审规程》（CECA/GC 5—2010）、《建设工程招标控制价编审规程》（CECA/GC 6—2011）、《建设工程造价鉴定规程》（CECA/GC 8—2012）、《建设项目工程竣工决算编制规程》（CECA/GC 9—2013）、《建设工程造价咨询工期标准（房屋建筑工程）》（CECA/GC 10—2014）、《工程造价咨询企业服务清单》（CCEA/GC 11—2019）等。其中，《建设项目全过程造价咨询规程》（CECA/GC 4—2017）是我国最早发布的涉及建设项目全过程工程咨询的标准之一。

（4）质量管理标准。主要包括《建设工程造价咨询成果文件质量标准》（CECA/GC 7—2012）。该标准编制的目的是对工程造价咨询成果文件和过程文件的组成、表现形式、质量管理要素、成果质量标准等进行规范。

（5）信息管理规范。主要包括《建设工程人工材料设备机械数据标准》（GB/T 50851—2013）和《建设工程造价指标指数分类与测算标准》（GB/T 51290—2018）等。

2.1.2 工程定额

工程定额主要指国家、地方、行业主管部门或企业自身制定的各种定额,包括工程消耗量定额和工程计价定额。工程计价定额主要指工程定额中直接用于工程计价的定额或指标。按照定额应用阶段的不同,工程计价定额可纵向划分为投资估算指标、概算定额和概算指标、预算定额等。随着工程造价市场化改革的不断深入,工程计价定额主要用于建设前期造价预测以及投资管控目标的合理设定,而在项目建设过程中,定额的作用将逐步弱化,计价更加依赖于市场价格信息。

2.1.3 工程计价信息

工程计价信息是指国家、各地区、各部门工程造价管理机构、行业组织以及信息服务企业发布的指导或服务于建设工程计价的人工、材料、工程设备、施工机具的价格信息,以及各类工程的造价指数、指标,典型工程数据库,等等。

2.2 工程定额体系

工程定额是指在正常施工条件下完成规定计量单位合格的建筑安装工程所消耗的人工、材料、施工机具台班、工期天数及相关费率等的数量标准。

2.2.1 工程定额的分类

工程定额是一个综合概念,是建设工程造价计价和管理中各类定额的总称,包括许多种类的定额,可以按照不同的原则和方法对它进行分类。

1. 按定额反映的生产要素消耗内容分类

(1) 劳动消耗定额,简称劳动定额(也称人工定额),是指在正常的施工技术和组织条件下,完成规定计量单位合格的建筑安装产品所消耗的人工工日的数量标准。劳动定额的主要表现形式是时间定额,同时也表现为产量定额。时间定额与产量定额互为倒数。

(2) 材料消耗定额,简称材料定额,是指在正常的施工技术和组织条件下,完成规定计量单位合格的建筑安装产品所消耗的原材料、成品、半成品、构配件、燃料以及水、电等动力资源的数量标准。

（3）机具消耗定额，由机械消耗定额和仪器仪表消耗定额组成。机械消耗定额是以一台机械一个工作班为计量单位，所以又称为机械台班定额。机械消耗定额是指在正常的施工技术和组织条件下，完成规定计量单位合格的建筑安装产品所消耗的施工机械台班的数量标准。机械消耗定额的主要表现形式是机械时间定额，同时也以产量定额的形式表现。仪器仪表消耗定额的表现形式与机械消耗定额类似。

2. 按定额的编制程序和用途分类

（1）施工定额，是完成一定计量单位的某一施工过程或基本工序所需消耗的人工、材料和施工机具台班的数量标准。施工定额是施工企业（建筑安装企业）为组织生产和加强管理而在企业内部使用的一种定额，属于企业定额的性质。施工定额是以某一施工过程或基本工序作为研究对象，以生产产品数量与生产要素消耗综合关系编制的定额。为了满足组织生产和管理的需要，施工定额的项目划分很细，是工程定额中分项最细、定额子目最多的一种定额，也是工程定额中的基础性定额。

（2）预算定额，是在正常的施工条件下，完成一定计量单位的合格分项工程或结构构件所需消耗的人工、材料、施工机具台班数量及其费用标准，是一种计价性定额。从编制程序上看，预算定额是以施工定额为基础综合扩大编制的，同时它也是编制概算定额的基础。

（3）概算定额，是完成一定计量单位的合格扩大分项工程或扩大结构构件所需消耗的人工、材料和施工机具台班的数量及其费用标准，是一种计价性定额。概算定额是编制扩大初步设计概算、确定建设项目投资额的依据。概算定额的项目划分粗细与扩大初步设计的深度相适应，一般是在预算定额的基础上综合扩大而成的，每一个扩大分项概算定额都包含了数项预算定额。

（4）概算指标，是以单位工程为对象，反映完成一个规定计量单位的建筑安装产品的经济指标。概算指标是概算定额的扩大与合并，以更为扩大的计量单位进行编制。概算指标的内容包括人工、材料、机具台班三个基本部分，同时还列出了分部工程量及单位工程的造价，是一种计价性定额。

（5）投资估算指标，是以建设项目、单项工程、单位工程为对象，反映建设总投资及其各项费用构成的经济指标。它是在项目建议书和可行性研究阶段编制投资估算、计算投资需要量时使用的一种定额，其概略程度与可行性研究阶段相适应。投资估算指标往往根据历史预决算资料和价格变动资料等编制，其编制基础仍然离不开预算定额、概算定额。

上述各种定额的比较见表2.1。

表2.1 各种定额的比较

比较项	施工定额	预算定额	概算定额	概算指标	投资估算指标
对象	施工过程或基本工序	分项工程或结构构件	扩大的分项工程或扩大的结构构件	单位工程	建设项目、单项工程、单位工程
用途	编制施工预算	编制施工图预算	编制扩大初步设计概算	编制初步设计概算	编制投资估算
项目划分	最细	细	较粗	粗	很粗
定额水平	平均先进	平均			
定额性质	生产性定额	计价性定额			

3. 按专业分类

由于工程建设涉及众多的专业，不同的专业所包含的内容也不同，因此，就确定人工、材料和机具台班消耗数量标准的工程定额来说，也需按不同的专业分别进行编制和执行。

建筑工程定额按专业对象分为建筑及装饰工程定额、房屋修缮工程定额、市政工程定额、城市轨道交通工程定额、铁路工程定额、公路工程定额、矿山井巷工程定额、水利建筑工程定额、内河航运水工建筑工程定额等。

安装工程定额按专业对象分为电气设备安装工程定额、机械设备安装工程定额、热力设备安装工程定额、通信设备安装工程定额、化学工业设备安装工程定额、工业管道安装工程定额、工艺金属结构安装工程定额、水利水电设备安装工程定额、内河航运设备安装工程定额等。

4. 按主编单位和管理权限分类

（1）全国统一定额，是由国家建设行政主管部门综合全国工程建设技术和施工组织管理的情况编制，并在全国范围内执行的定额。

（2）行业统一定额，是考虑各行业、各专业工程技术特点，以及施工生产和管理水平而编制的。一般只在本行业和相同专业性质的范围内使用。

（3）地区统一定额，包括省、自治区、直辖市定额。地区统一定额主要考虑地区性特点和全国统一定额水平作适当调整和补充而编制。

（4）企业定额，是施工单位根据本企业的施工技术、机械装备和管理水平编制的人工、材料、机具台班等的消耗标准。企业定额在企业内部使用，是企业综合素质的标志。企业定额水平一般应高于现行国家定额水平，才能满足生产技术发展、企业管理和市场竞争的需要。在工程量清单计价方法中，企业定额是施工企业进行投标报价的依据。

（5）补充定额，是指随着设计、施工技术的发展，在现行定额不能满足需要的情况下，为了补充缺陷而编制的定额。补充定额只能在指定的范围内使用，可以作为以后修订定额的基础。

上述各种定额虽然有不同的用途，适用于不同的情况，但它们是一个互相联系的有机整体，在实际工作中可以配合使用。

2.2.2 工程定额的改革任务

在传统的定额编制工作中，因编制工作复杂，定额编制周期长，定额数据往往滞后于市场变化，具有滞后性。此外，由于定额编制人员的专业局限性以及定额编制方式、数据质量等原因，定额消耗量及费用标准与市场水平存在偏差，具有差异性，从而使工程计价、投资管控等受到影响。住房和城乡建设部办公厅于2020年7月24日印发了《工程造价改革工作方案》（建办标〔2020〕38号），该方案指出：改革开放以来，工程造价管理坚持市场化改革方向，在工程发承包计价环节探索引入竞争机制，全面推行工程量清单计价，各项制度不断完善，但还存在定额等计价依据不能很好地满足市场需要、造价信息服务水平不高、造价形成机制不够科学等问题。为充分发挥市场在资源配置中的决定性作用，促进建筑业转型升级，需对工程造价进行改革。其中，与工程造价计价依据改革相关的任务主要包括以下两个方面。

1. 完善工程计价依据发布机制

加快转变政府职能，优化概算定额、估算指标编制、发布和动态管理，取消最高投标限价按定额计价的规定，逐步停止发布预算定额。搭建市场价格信息发布平台，统一信息发布标准和规则，鼓励企事业单位通过信息平台发布各自的人工、材料、机械台班市场价格信息，供市场主体选择。加强市场价格信息发布行为监管，严格信息发布单位主体责任。

2. 加强工程造价数据积累

加快建设国有资金投资的工程造价数据库，按地区、工程类型、建筑结构等分类发布人工、材料、项目等造价指标指数，利用大数据、人工智能等信息化技术为概预算编制提供依据。加快推进工程总承包和全过程工程咨询，综合运用造价指标指数和市场价格信息，控制设计限额、建造标准、合同价格，确保工程投资效益得到有效发挥。

2.2.3 大数据技术对工程定额编制的影响

工程计价及造价管理过程中会产生大量的造价信息数据。科技的发展，特别是信息技术的发展，给这些数据的管理和挖掘提供了现代化的手段。大数据技术势必会对定额的编制和项目各阶段计价及造价管理产生积极且深远的影响。

1. 企业定额测算和管理的高效化

因为企业定额需要准确反映企业实际技术和管理水平，因此，随着企业生产力水平的提高，企业定额需要及时更新。为适应市场竞争，企业应注重自身定额数据的积累。在大数据时代，企业可以建立基于大数据的企业定额测算体系并搭建信息化平台，动态积累企业定额数据，监测企业定额的变动情况，进而动态管理企业定额。大数据的应用不仅可以节省定额测定方面的人力、物力、财力，而且可以提高工作效率。

2. 工程定额编制和管理的动态化

行业主管部门可以应用互联网技术建立定额动态管理平台。从业人员可在平台上共享数据，对定额应用问题随时提出相关建议。该平台可以使全行业人员参与定额的动态使用、反馈和管理，最大程度上拓宽覆盖面，解决传统定额编制过程中编制人员来源途径单一的问题，修正定额偏差性的缺陷；能够实现信息的快速收集、存储和分析，从而缩短定额编制周期和定额编制时间，最大程度上弥补定额滞后性、差异性的缺陷；能够使定额数据更真实、更有代表性和更加贴近市场。

3. 工程定额编制和管理的市场化

大数据技术可以将来自市场的真实数据实时纳入数据库中，并依据这些数据编制工程定额，从而充分走进市场、贴近市场和反映市场，发挥市场决定价格的作用。

2.3 工程量清单

按照工程量清单计价的一般原理，工程量清单应是载明建设工程项目名称、项目特征、计量单位和工程数量等的明细清单，而项目设置应随着建设项目的进展不断细化。根据《住房和城乡建设部关于进一步推进工程造价管理改革的指导意见》

(建标〔2014〕142 号),清单计价方式应满足"完善工程项目划分,建立多层级工程量清单,形成以清单计价规范和各专(行)业工程量计算规范配套使用的清单规范体系,满足不同设计深度、不同复杂程度、不同承包方式及不同管理需求下工程计价的需要"的要求。由于我国目前使用的建设工程工程量清单计价规范主要用于施工图完成后进行发包的阶段,故将工程量清单的项目设置分为分部分项工程项目、措施项目、其他项目以及规费和税金项目四大类。工程量清单又可分为招标工程量清单和已标价工程量清单。由招标人根据国家标准、招标文件、设计文件以及施工现场实际情况编制的称为招标工程量清单;作为投标文件组成部分的已标明价格并经承包人确认的称为已标价工程量清单。招标工程量清单应由具有编制能力的招标人或受其委托的工程造价咨询人或招标代理人编制。采用工程量清单方式招标时,招标工程量清单必须作为招标文件的组成部分,其准确性和完整性由招标人负责。招标工程量清单应以单位(项)工程为单位编制,由分部分项工程项目清单、措施项目清单、其他项目清单、规费和税金项目清单组成。

工程量清单计价方法是随着我国建设领域市场化改革的不断深入,自 2003 年起在全国开始推广,以突出自由市场形成工程交易价格的本质的一种计价方法,在招标人提供统一工程量清单的基础上,各投标人进行自主竞价,由招标人择优选择形成最终的合同价格。在这种计价方法下,合同价格更加能够体现出市场交易的真实水平,并且能够更加合理地对合同履行过程中可能出现的各种风险进行分配,提高承发包双方的履约效率。

2.3.1　工程量清单计价的适用范围

工程量清单计价适用于建设工程发承包及实施阶段的计价活动。国有资金投资的建设工程,必须采用工程量清单计价;非国有资金投资的建设工程,宜采用工程量清单计价;不采用工程量清单计价的建设工程,应执行清单计价规范中除工程量清单等专门性规定外的其他规定。

国有资金投资的工程建设项目包括全部使用国有资金(含国家融资资金)投资的工程建设项目和以国有资金(含国家融资资金)投资为主的工程建设项目。

(1) 国有资金投资的工程建设项目包括:①使用各级财政预算资金的项目;②使用纳入财政管理的各种政府性专项建设资金的项目;③使用国有企事业单位自有资金且国有资产投资者实际拥有控制权的项目。

(2) 国家融资资金投资的工程建设项目包括:①使用国家发行债券所筹资金的项目;②使用国家对外借款或担保所筹资金的项目;③使用国家政策性贷款的项

目;④国家授权投资主体融资的项目;⑤国家特许的融资项目。

（3）以国有资金（含国家融资资金）投资为主的工程建设项目是指国有资金占投资总额50%以上，或虽不足50%但国有投资者实际拥有控制权的工程建设项目。

2.3.2 工程量清单计价的作用

1. 提供一个平等竞争的条件

采用施工图预算投标报价时，由于设计图纸的缺陷，不同施工企业的人员理解不一，计算出的工程量也不同，报价更是相去甚远，也容易产生纠纷。而工程量清单报价为投标者提供了一个平等竞争的条件，相同的工程量，由企业根据自身的实力来填报不同的单价。投标人的这种自主报价，可将企业的优势体现到投标报价中，能在一定程度上规范建筑市场秩序，确保工程质量。

2. 满足市场经济条件下竞争的需要

招投标过程就是竞争的过程，招标人提供工程量清单，投标人根据自身情况确定综合单价，根据单价和工程量逐项计算每个项目的合价，再分别填入工程量清单表内，计算出投标总价。单价是决定性的因素，定高了不能中标，定低了又要承担过大的风险。单价的高低直接取决于企业管理水平和技术水平的高低，这种局面促成了企业整体实力的竞争，有利于我国建设市场的快速发展。

3. 有利于提高工程计价效率，能真正实现快速报价

采用工程量清单计价方式，避免了传统计价方式下，招标人与投标人在工程量计算上的重复工作，各投标人以招标人提供的工程量清单为统一依据，结合自身的管理水平和施工方案进行报价，这种方式促进了各投标人企业定额的完善和工程造价信息的整理与积累，满足现代工程建设中快速报价的要求。

4. 有利于工程款的拨付和工程价款的最终结算

中标后，业主要与中标单位签订施工合同，中标价是确定合同价的基础，投标清单上的单价就成了拨付工程款的依据。业主根据施工企业完成的工程量，可以很容易地确定进度款的拨付额。工程竣工后，根据设计变更、工程量增减等，业主也很容易确定工程的最终造价，这样可以在一定程度上减少业主与施工单位之间的纠纷。

5. 有利于业主对投资的控制

采用施工图预算形式时，业主对因设计变更、工程量的增减所引起的工程造价变化不敏感，往往等到竣工结算时才知道这些变化对项目投资的影响有多大，但此时常常为时已晚。而采用工程量清单报价方式时,投资变化一目了然,当要进行设计变更时,能马上知道它对工程造价的影响,业主就能根据投资情况来决定是否变更或进行变更方案比较,以确定最恰当的处理方法。

2.4 工程建设其他费用

工程建设其他费用是指从工程筹建开始到工程竣工验收交付使用为止的整个建设期间,应由基本建设投资支付并列入建设项目总概算内,除建筑安装工程费、设备购置费、预备费和专项费用以外的,为保证工程建设顺利完成和交付使用后能够正常发挥效用而发生的各项费用,按资产属性分为固定资产其他费用、无形资产费用和其他资产费用(递延资产)。

根据住房和城乡建设部、国家发展改革委印发的《城市轨道交通工程设计概算编制办法》(建标〔2017〕89号),在编制概算时,对于城市轨道交通工程建设通常发生的工程建设其他费用项目,应结合工程建设实际和建设市场的有关情况予以确定。

2.4.1 前期工程费

1) 费用内容

(1) 土地征用及补偿费,是指按照《中华人民共和国土地管理法》等规定,建设工程项目征用土地及补偿应支付的费用。包括土地补偿费、安置补助费、被征用土地地上及地下附着物和青苗补偿费,征用城市郊区菜地缴纳的新菜地开发建设基金,征用耕地缴纳的耕地开垦费、耕地占用税等。

(2) 临时占地费,是指在建设期内临时占用建设项目土地使用权应支付的相关费用。

(3) 建(构)筑物拆迁补偿费,是指房屋及附属构筑物、城市公共设施等拆迁补偿费。

(4) 土地征用、拆迁建筑物手续费,是指在办理征地拆迁过程中,所发生的相关人员的工作经费及土地登记管理费等。

(5) 树木及绿化赔偿费,是指砍伐树木及铲除草坪等发生的赔偿费用。

(6) 道路恢复费,是指设计围挡范围内的道路恢复费用,相应的凿除路面的费用纳入主体工程费用中。

（7）道路破复费，是指设计围挡范围外的道路破除及恢复费用。

（8）管线迁改费，是指依据管线迁改设计方案，为保证工程实施而对给水、排水、燃气、电力、电信、热力等管线进行迁改的费用。

（9）交通疏解费，是指依据交通疏解设计方案，为保证工程实施而采取的交通疏解措施所发生的费用。

2）计算方法

（1）土地征用及补偿费、临时占地费、建（构）筑物拆迁补偿费等应根据设计建设用地征用面积、临时占地面积、拆迁工程数量，按项目所在地省（自治区、直辖市）人民政府颁发的各项规定和标准计列。

（2）树木及绿化赔偿费按项目所在地省（自治区、直辖市）人民政府颁发的城市园林树木补偿标准计列。

（3）道路恢复和破复费按项目所在地省（自治区、直辖市）人民政府颁发的道路恢复和破复补偿标准计列。

（4）管线迁改费根据迁改设计方案，区分上水、排水、燃气、电力（高压电和非高压电分列）、电信、热力等管线，按项目所在地省（自治区、直辖市）人民政府颁布的各类管线迁改补偿标准计列。

（5）交通疏解费根据交通疏解设计方案，按项目所在地省（自治区、直辖市）人民政府颁布的道路补偿标准计列。

2.4.2 其他费用

1. 场地准备费

1）费用内容

场地准备费是指建设项目为达到工程开工条件所发生的场地平整和对建设场地遗留的有碍于施工建设的设施进行拆除清理的费用。

2）计算方法

一般应根据实际工程量估算，也可按工程费用的 1%～2% 计列。

2. 项目建设管理费

1）费用内容

项目建设管理费是指项目建设单位从项目筹建之日起至办理竣工财务决算之日为止发生的管理性质的支出。包括：不在原单位发工资的工作人员工资及相关费用、办公费、办公场地租用费、差旅交通费、劳动保护费、工具用具使用费、固定资产使用费、生产工人招募费、技术图书资料（含软件）费、业务招待费、施工现场津贴、竣工验收费和其他管理性质的开支。

2）计算方法

按工程费用、管线迁改费用之和的2.0%～2.5%计列。

3. 建设工程监理与相关服务费

1）费用内容

建设工程监理与相关服务费是指监理单位接受建设单位委托，提供建设工程施工阶段的质量、进度、费用控制管理和安全生产监督管理，合同、信息管理及相关各方协调管理服务，以及勘察、设计、运维等阶段的相关服务所收取的费用。

2）计算方法

按工程费用的1.6%～1.8%计列。

4. 招标代理服务费

招标代理服务费是指招标代理机构接受招标人委托，从事编制招标文件（包括编制资格预审文件和标底）、审查投标人资格，组织答疑、开标、评标，以及提供招标前期咨询、协调合同签订等所收取的费用。

5. 招标交易服务费

招标交易服务费是指在工程建设期间，项目所在地建设交易部门为工程招投标工作提供交易场所和招投标服务而收取的费用。

6. 前期工作费

前期工作费是指为建设项目前期工作支付的咨询服务费用，包括开展建设项目专题研究、编制和评估项目建议书、编制和评估可行性研究报告，以及其他与建设项目前期工作有关的咨询服务费用。

（1）可行性研究费，是指编制和评估项目建议书（或预可行性研究报告）、可行性研究报告所需的费用。

（2）环境影响评价费，是指根据《中华人民共和国环境保护法》《中华人民共和国环境影响评价法》等规定，全面、详细评价建设项目对环境可能产生的污染或造成的重大影响所需的费用，包括编制和评估环境影响报告书（含大纲）、环境影响报告表和环境影响登记表等所需的费用。

（3）客流预测报告编制费，是指以城市、社会经济、人口、土地使用、交通等方面的现状和规划基础资料为依据，利用交通模型等技术手段，预测各目标年限内城市轨道交通网络或线路相关客流指标，编制客流预测报告所需的费用。

（4）地震安全性评价费，是指根据《中华人民共和国防震减灾法》《地震安全性评价管理条例》等规定，对建设项目进行地震安全性评价所需的费用。

（5）地质灾害危险性评估费，是指评估机构接受委托，按照相应的技术规程和规范要求，收集相关资料，进行现场调查和技术分析，以及编制评估报告和组织报告评审等收取的费用。

（6）节能评估费，是指分析建设项目的建筑、设备、工艺等的能耗水平及其使用的用能产品的效率或能耗指标，编制及评审节能评估报告的费用。

（7）社会稳定风险评估费，是指编制和评价社会稳定风险分析报告所需的费用。

（8）防洪评价费，是指根据《中华人民共和国防洪法》等规定，对涉及江河、湖泊等的项目编制防洪评价报告所需的费用。

（9）文物勘探及保护费，是指在工程范围内对有可能埋藏文物的地方进行考古调查、勘探及保护所需的费用。

（10）其他前期工作费，是指以上内容未包含但在城市轨道交通前期咨询工作中可能涉及的专题、单项研究及其他咨询服务，如规划咨询、专项技术咨询、投融资专题研究、网络资源共享专题研究等所需的费用。

7. 研究试验费

研究试验费是指出于为建设项目提供或验证设计数据、资料等目的进行必要的研究试验及按照设计规定在建设过程中必须进行试验、验证所需的费用。包括自行或委托其他部门进行研究试验所需的人工费、材料费、试验设备及仪器使用费等。不包括：①应由科技三项费用（即新产品试制费、中间试验费和重要科学研究补助费）开支的项目；②应在建筑安装费用中列支的施工企业对建筑材料、构件和建筑物等进行一般鉴定、检查所发生的费用及技术革新的研究试验费；③应在勘察设计费或工程费用中开支的项目。

8. 勘察设计费

勘察设计费是指建设单位委托勘察设计单位进行工程水文地质勘察、工程设计所发生的各项费用。

（1）工程勘察费是指为工程设计提供工程地质、水文地质、地下管线、地下构筑物等的勘察及相应的试验、工程测量等服务所发生的费用。按勘察委托合同计列，或按工程费用的 0.6%～0.8% 计列。

（2）工程设计费是指设计单位受建设单位委托，提供编制建设项目初步设计文件、施工图设计文件、非标准设备设计文件、BIM 设计等服务所收取的费用，包括基本设计收费和其他设计收费。其中，基本设计收费是指在工程设计阶段提供初步设计文件、施工图设计文件收取的费用，并相应提供设计技术交底、解决施工中的设计技术问题、试运行和竣工验收等服务。其他设计收费是指根据工程设计实际需要或者建设单位要求提供相关服务而收取的费用，包括总体总包费等。工程设计费按设计委托合同计列，或按工程费用的 3.5%～4.0% 计列。改扩建工程项目另行计列。

9. 咨询费

（1）设计咨询费，是指建设单位委托咨询机构对设计单位设计工作成果进行审查所需的费用。按设计咨询委托合同计列，或按工程费用的 0.3%～0.4% 计列。

（2）工程造价咨询费，是指工程造价咨询企业接受建设单位委托，从事投资估算、工程概算、工程量清单、招标控制价、工程结算、竣工决算的编制与审核，各设计阶段的工程造价控制等与工程造价业务有关的咨询服务，并出具工程造价咨询成果文件等业务活动所收取的费用。按工程造价咨询委托合同计列，或按工程费用的 0.3%～0.4% 计列。

10. 引进技术和设备其他费

引进技术和设备其他费是指引进技术和设备发生的但未计入设备购置费的费用。

1）费用内容

（1）引进项目图纸资料翻译复制费、备品备件测绘费。

（2）出国人员费用，包括买方人员出国设计联络、出国考察、联合设计、监造、培训等所发生的差旅费、生活费等。

（3）来华人员费用，包括卖方来华工程技术人员的现场办公费用、往返现场交通费用、接待费用等。

（4）银行担保及承诺费，指引进项目由国内外金融机构出面承担风险和责任担保所发生的费用，以及支付贷款机构的承诺费用。

2）计算方法

（1）引进项目图纸资料翻译复制费、备品备件测绘费：根据引进项目的具体情况计列或按引进货价（Free On Board，FOB）的比例计列，引进项目发生备品备件测绘费时按具体情况计列。

（2）出国人员费用：根据合同或协议规定的出国人次、期限以及相应的费用标准计算。生活费按财政部、外交部规定的标准计列，差旅费按中国民航公布的票价标准计列。

（3）来华人员费用：根据引进合同或协议有关条款及来华技术人员派遣计划计列。来华人员接待费用可按每人次费用指标计列。引进合同价款中已包括的费用内容不得重复计列。

（4）银行担保及承诺费：按担保或承诺协议计列。概算编制时可以担保金额或承诺金额为基数乘以费率计算。

为简化概算编制，引进技术和设备其他费可按引进设备费的 1.0%～1.5% 计列。

11. 综合联调及试运行费

1）费用内容

综合联调及试运行费是指新建城市轨道交通项目在交付运营前，按照批准的设计文件所规定的工程质量标准和技术要求，对整个系统进行综合联调及试运行所发生的费用。综合联调及试运行费包括综合联调及试运行所需原材料、燃料及动力消耗、低值易耗品、其他物料消耗、工具用具使用费、机械使用费、保险金、人员工资以及专家指导费等，不包括应由设备安装工程费开支的调试费，以及在综合联调及试运行中暴露出来的施工原因或设备缺陷等引发的处理费用。

2）计算方法

综合联调费：按设备购置费与车辆购置费之和的 1.0%～1.5% 计列。

试运行费：按正线公里数×试运行期（月）×10 万元/（正线公里·月）计列。

当与既有线路联调时，费用可适当增加。

12. 专利及专有技术使用费

1）费用内容

（1）国外设计及技术资料费，引进有效专利、专有技术使用费和技术保密费。

（2）国内有效专利、专有技术使用费。

（3）商标使用费、特许经营权费等。

2）计算方法

（1）按专利使用许可协议和专有技术使用合同的规定计列。

（2）专有技术的界定应以省部级鉴定批准为依据。

（3）项目投资中只计算需在建设期支付的专利及专有技术使用费。协议或合同规定在运营期支付的使用费应在运营成本中核算。

13. 生产准备及开办费

生产准备及开办费是指在建设期内建设单位为保证正常运营而发生的生产职工培训费，提前进厂以及投产使用必备的生产办公、生活家具用具及工器具等的购置费用。具体包括以下三个部分。

1）生产职工培训费

（1）费用内容

生产职工培训费是指在工程项目交验投产前，对运营部门生产职工进行培训所必需的费用。包括提前进厂费用、自行组织培训或委托其他单位培训的人员工资、工资性补贴、职工福利费、差旅交通费、劳动保护费、学习资料费等。

（2）计算方法

按设计确定的定员人数×60%×30 000 元计列。

2）生产办公、生活家具用具购置费

（1）费用内容

生产办公、生活家具用具购置费是指为保证工程项目初期正常运营所必需的生产办公、生活家具用具购置费。

（2）计算方法

按设计确定的定员人数×9 000 元计列。

3）工器具购置费

（1）费用内容

工器具购置费是指为保证工程项目初期正常运营所必须购置的第一套不构成固定资产的设备、仪器、仪表、工卡模具、器具、工作台（框、架、柜）等的费用。不包括构成固定资产的设备、工器具和备品、备件费用，以及已列入设备购置费中的专用工具和备品备件费。

（2）计算方法

按设计确定的定员人数×4 500 元计列。

14. 工程保险费

1）费用内容

工程保险费是指为转移工程项目建设的意外风险，在建设期内对建筑工程、安装工程、机器设备和人身安全进行投保而发生的费用。包括建筑安装工程一切险、人身意外伤害险和引进设备财产保险。

2）计算方法

按工程费用的 0.4%～0.7% 计列。

15. 特殊设备安全监督检验费

1）费用内容

特殊设备安全监督检验费是指安全监察部门对在施工现场组装的压力锅炉及

压力容器、压力管道、消防设备、燃气设备、电梯等特殊设备和设施实施安全检验验收所收取的费用。

2）计算方法

按照项目所在地省（自治区、直辖市）安全监察部门的规定计列。无具体规定时，可按受检设备安装工程费的比例估算。

16．安全生产保障费

安全生产保障费是指为保障工程项目施工安全而发生的费用。包括第三方监测费、第三方检测及评估费等。

1）费用内容

第三方监测费是指为保障工程项目施工安全，由建设单位委托第三方监测单位对工程及周边建（构）筑物、地下管线、交通设施（道路、桥梁、隧道、通道）等进行监测所发生的费用。

第三方检测及评估费是指为保障工程项目安全和施工质量，对工程实体（如桩基等）、周边既有建（构）筑物、桥梁等风险源进行第三方检测及评估所发生的费用。

其他为保障工程项目施工安全和质量而发生的费用。

2）计算方法

按建筑安装工程费的 0.8%～1.0% 计列。

17．配合辅助工程费

1）费用内容

配合辅助工程费是指全部或部分投资由本项目支付修建，而建成后的产权不属于本项目的工程费用，如 110 kV 电力进线工程（产权归电力部门时）、城市道路立交桥工程等。

2）计算方法

配合辅助工程费应作为独立的其他费用编制单元编制全费用概算（含工程建设其他费用、预备费、建设期贷款利息）。

18．其他

除上述费用之外，一般建设项目很少发生或具有明显行业和地区特征的工程建设其他费用，如移民安置费、水资源费、水土保持费、河道占用补偿费、超限设备运输措施费、航道维护费、白蚁防治费、环境保护专项费、专项验收费等必须纳入设计概算的其他费用，按照国家、有关行业部委和建设项目所在地省（自治区、直辖市）有关规定计列。

2.5 预 备 费

1. 基本预备费

基本预备费是指针对项目实施过程中可能发生的难以预料的支出而事先预留的费用,又称工程建设不可预见费,主要指设计变更及施工过程中可能增加工程量的费用。基本预备费一般由以下四部分组成:

(1) 在批准的初步设计范围内,施工图设计及施工过程中所增加的工程费用;设计变更、工程变更、材料代用、局部地基处理等增加的费用。

(2) 一般自然灾害造成的损失和预防自然灾害所采取的措施费用。对于实行工程保险的工程项目,该费用应适当降低。

(3) 竣工验收时为鉴定工程质量,对隐蔽工程进行必要的挖掘和修复所需的费用。

(4) 超规超限设备运输增加的费用。

计算公式如下:

$$基本预备费 = (建筑安装工程费 + 设备及工器具购置费 + 工程建设其他费) \times 基本预备费费率$$

基本预备费费率按 5% 计。

2. 价差预备费

价差预备费是指为正确反映建设项目的概算总额,在从设计概算编制年度到项目建设竣工的整个期限内,因形成工程造价诸因素的正常变动(如人工、材料、设备价格的上涨,其他有关费用标准的调整,利率、汇率等因素的变化),导致必须对该工程项目所需的总投资额进行合理的核定和调整而需预留的可能增加的费用,又称价格变动不可预见费。

本项费用应根据建设项目工程筹划设计安排,以其分年度投资额及不同年限,根据国家公布的工程造价年上涨指数计列。

2.6 专项费用

1. 车辆购置费

车辆购置费(含车辆监造费)按设计确定的初期车辆配置数量及车辆市场价格信息计列。为简化编制概算,按设计确定的初期车辆配置数量,每辆10万元计列。

2. 建设期贷款利息

建设期贷款利息是指在建设期内发生的为工程项目筹措资金的融资费用及债务资金利息。建设期贷款利息分为建设期国内贷款利息和建设期国外贷款利息。

建设期国内贷款利息是指工程项目中分年度使用国内贷款,在建设期应归还的贷款利息。

建设期国外贷款利息还应包括国外贷款银行根据贷款协议向贷款方以年利率的方式收取的手续费、管理费、承诺费,以及国内代理机构通过国家主管部门批准的以年利率的方式向贷款方收取的转贷费、担保费、管理费等。

对分期投资的建设项目,应根据不同时期的工程范围和分年度使用的贷款额,计算不同时期建设期贷款利息。

3. 铺底流动资金

铺底流动资金是指为保证新建工程项目投产初期正常运营,按规定应列入工程项目总投资的流动资金。铺底流动资金主要用于购买原材料、燃料、动力,支付职工工资和其他有关费用,一般按流动资金的30%计算。

2.7 我国轨道交通工程计价依据

城市轨道交通是我国城市主要公共交通工具之一。截至2022年底,我国共有55个城市开通了城市轨道交通,总运营里程10 287 km。目前,我国城市轨道交通工程项目每公里投资约10亿元,一条线路建设投资动辄以几十亿元甚至几百亿元计,全国每年轨道交通的总投资额高达数千亿元。轨道交通属于基本公共设施,政府财政投资一直是其主要的资金来源。由于城市轨道交通工程项目大多具有建设规模大、涉及专业多、施工工期长且涉及面广等特点,因此,项目投资确定和投资控制难度也相对较大。作为城市轨道交通工程的主要计价依据,工程定额对项目投资管理发挥着重大作用,然而,现有的全国统一预算定额已不能满足城市轨道交通工程造价管理的需求。根据住房和城乡建设部的要求,标准定额研究所于2008年和2011年先后编制了《城市轨道交通工程预算定额》(GCG 103—2008)和《城市轨道交通工程概算定额》(GCG 102—2011),随后部分省、自治区、直辖市也陆续编制并发布了城市轨道交通工程预算定额和概算定额,为促进城市轨道交通建设的快速发展以及投资控制发挥了重要作用。没有编制城市轨道交通工程预算定额的城市以借用其他专业定额的方式或以文件形式作为指导城市轨道交通工程计价的依据。下文将介绍现行的全国城市轨道交通工程统一计价依据和主要城市轨道交通工程计价依据。

2.7.1 全国城市轨道交通工程统一计价依据

1.《城市轨道交通工程预算定额》

《城市轨道交通工程预算定额》共十册,包括路基、桩基及围护结构工程,桥梁工程,隧道工程,地下结构工程,轨道工程,通信工程,信号工程,供电工程,智能与控制系统安装工程,机电设备安装工程。《城市轨道交通工程预算定额》由住房和城乡建设部批准发布并于2009年1月1日起施行,便于轨道交通各专业工程使用,其内容与深度可以满足编制城市轨道交通工程项目施工图预算、编制招标标底和投标报价等要求。

2.《城市轨道交通工程概算定额》

《城市轨道交通工程概算定额》共七册,包括路基、桥涵工程,车站、区间段工程,轨道、车辆段工程,通信、信号工程,供电工程,智能及控制系统安装工程,机电设备安装工程。《城市轨道交通工程概算定额》由住房和城乡建设部批准发布并于2012年1月1日起施行,便于轨道交通各专业工程使用,其内容与深度可以满足编制城市轨道交通工程初步设计等要求。

3.《城市轨道交通工程设计概算编制办法》

为进一步适应城市轨道交通工程建设需要,规范城市轨道交通工程设计概算编制方法及相关费用标准,提高设计概算编制质量,根据住房和城乡建设部、财政部发布的《建筑安装工程费用项目组成》(建标〔2013〕44号)的规定,在认真总结和调研已运营城市轨道交通项目设计概算编制经验的基础上,对《城市轨道交通工程设计概预算编制办法》(建标〔2006〕279号)进行了全面修订。新版《城市轨道交通工程设计概预算编制办法》由住房和城乡建设部批准发布并于 2017 年 6 月 1 日起施行,适用于新建、改建和扩建城市轨道交通工程初步设计概算文件的编制,是政府有关部门加强城市轨道交通工程建设宏观调控和进行项目投资控制的重要依据。

2.7.2 主要城市轨道交通工程计价依据

1. 北京市

(1)《北京市建设工程计价依据——预算消耗量标准 城市轨道交通工程》(2021 年),共七册,包括土建工程、轨道工程、通信工程、信号工程、供电工程、智能工程、机电工程。它由北京市住房和城乡建设委员会批准发布并于 2022 年 1 月 1 日起执行。

(2)《北京市建设工程计价依据——概算定额 城市轨道交通工程概算定额》(2016 年),共五册,包括土建工程、轨道工程、通信、信号工程、供电工程、智能与控制系统、机电工程。它由北京市住房和城乡建设委员会批准发布并于 2017 年 3 月 1 日起执行。

2. 上海市

(1)《上海市轨道交通工程预算定额》(SHA 3—31—2016),共十三册,包括地基、围护结构工程,高架桥工程,隧道工程,地下结构工程,轨道工程,通信工程,信号工程,供电工程,智能与控制系统安装工程,机电设备安装工程,车辆基地工艺设备,拆除工程,措施项目。它由上海市住房和城乡建设委员会批准发布并于 2017 年 6 月 1 日起施行。

(2)《上海市轨道交通工程概算定额》(SHA 3—21—2022),共十二册,包括地基、围护结构工程,高架桥工程,地下区间工程,地下结构工程,轨道工程,钢筋工程,通信工程,信号工程,供电工程,智能与控制系统安装工程,机电设备安装工程,拆除工程,措施项目。它由上海市住房和城乡建设委员会批准发布并于 2023 年 3 月 1 日起施行。

3. 深圳市

《深圳市城市轨道交通工程消耗量定额》(2011 年),共十册,包括土石方、围护结构及地基处理工程、桥涵工程、隧道工程、地下结构工程、轨道工程、通信设备安装工程、供电与电力牵引工程、智能化与控制系统安装工程、机电设备安装工程、其他安装工程。它由深圳市住房和城乡建设局批准发布并于 2012 年 2 月 21 日起施行。

4. 广州市

广州市没有发布城市轨道交通工程专业定额,以借用其他专业定额的方式或以文件形式指导城市轨道交通工程的计价，相关规定如下。

（1）地下车站、区间隧道的土建工程、轨道工程等采用广州市建设委员会穗建筑〔2001〕444号文发布的《2001年广州地铁工程主要项目综合成本指导价》（简称"地铁定额"）。

（2）地面上的市政设施（如给排水管道、道路等）、段场路基土石方、路基附属工程、桥涵工程等土建工程采用粤建价字〔2010〕15号文发布的《广东省市政工程综合定额》（2010年）（简称"市政定额"）。

（3）地面建筑物（如拆迁安置用房、公寓、车间大楼、生产及办公用房等）采用粤建价字〔2010〕15号文发布的《广东省建筑与装饰工程综合定额》（2010年）（简称"建筑定额"）。

（4）设备安装工程（除供电系统、通信、信号）采用粤建价字〔2010〕15号文发布的《广东省安装工程综合定额》（2010年）（简称"安装定额"）。

（5）主变电站、送电线路建筑、设备及其安装工程采用中电联技经〔2007〕138号文颁发的《电力建设工程概算定额》（2007年）（简称"电力定额"）。

（6）供电系统（变电所、环网电缆、接触网、电力监控、接地系统、供电车间等）、通信、信号工程的设备安装工程采用铁建设〔2010〕223号文《关于公布〈铁路路基工程预算定额〉等二十九项定额标准的通知》中的《铁路通信工程概算定额》《铁路信号工程概算定额》《铁路电力工程概算定额》《铁路电力牵引工程概算定额》及与预算定额配套使用的《铁路工程概预算工程量计算规则》。

（7）当上述定额不足时，选用相近定额或参照其他城市轨道交通的单价，并以广州市的人工单价、材料价格和机械台班单价进行换算。

5. 长沙市

长沙市没有发布城市轨道交通工程专业定额，以借用其他专业定额的方式或以文件形式指导城市轨道交通工程的计价，相关规定如下。

（1）车站及区间土建工程、轨道采购及安装工程、人防门采购及安装工程定额执行《长株潭城市轨道交通工程单位估价表》（2009年），缺项部分套用《湖南省建设工程消耗量标准》（2014年）。

（2）车辆段工程、交通疏解及管线迁改工程定额执行《湖南省建设工程消耗量标准》（2020年）。

6. 济南市

济南市没有发布城市轨道交通工程专业定额，套用《城市轨道交通工程预算定额》（GCG 103—2008）或其他专业定额，并以文件形式指导城市轨道交通工程的计价,相关规定如下。

1) 预算

(1) 车站主体及区间工程、车站机电安装工程套用《城市轨道交通工程预算定额》(GCG 103—2008)。

(2) 车站装饰工程套用《山东省建筑工程消耗量定额》(2016版)。

2) 概算

(1) 地下车站及采用站桥合一的高架车站(含地基与基础工程)、区间、轨道、通信、信号、供电系统、综合监控、火灾自动报警、环境与设备监控、安防及门禁、自动售检票、电梯与自动扶梯、安全门、人防、机电设备安装(包括动力照明、通风空调、给排水及消防)等工程采用《城市轨道交通工程预算定额》(GCG 103—2008)及有关规定,不足部分优先套用《山东省建筑、安装工程消耗量定额》(2003年)相关子目的工料机消耗量,价目表采用《城市轨道交通工程预算定额山东省价目表》(适用于营改增)(鲁标定字〔2018〕23号)。

(2) 采用站桥分开的高架车站(含地基与基础工程)、车辆基地房屋建筑及安装、装饰装修等工程采用《山东省建筑安装工程消耗量定额》(鲁建标字〔2016〕39号),价目表采用《山东省工程建设标准定额站关于调整定额价目表和机械台班、仪器仪表台班单价表的通知》(鲁标定字〔2018〕11号)中对应的价目表。

(3) 道路、桥涵、隧道、给排水、燃气、供热、水处理、垃圾处理、路灯等市政工程采用《山东省市政工程消耗量定额》(鲁建标字〔2016〕39号),价目表采用《山东省工程建设标准定额站关于调整定额价目表和机械台班、仪器仪表台班单价表的通知》(鲁标定字〔2018〕11号)中对应的价目表。

(4) 主变电站及输电线路的建筑工程、安装工程、调试工程采用《电力建设工程概、预算定额估价表》(2013版)。

(5) 不足部分可借用其他城市地铁定额或其他部委类似定额。

7. 重庆市

重庆市有城市轨道交通工程专业定额,同时需要套用重庆市其他专业定额。

(1)《重庆市城市轨道交通工程计价定额》(CQGDDE—2018);

(2)《重庆市房屋建筑与装饰工程计价定额》(CQJZZSDE—2018);

(3)《重庆市市政工程计价定额》(CQSZDE—2018);

(4)《重庆市通用安装工程计价定额》(CQAZDE—2018);

(5)《重庆市构筑物工程计价定额》(CQGZWDE—2018);

(6)《重庆市园林绿化工程计价定额》(CQYLLHDE—2018);

（7）《重庆市爆破工程计价定额》(CQBPDE—2018)；

（8）《重庆市绿色建筑工程计价定额》(CQLSJZDE—2018)；

（9）TBM(盾构)的消耗量个别参考《四川省建设工程工程量清单计价定额》(2015年)中城市轨道交通工程部分。

第 3 章
城市轨道交通工程全过程造价咨询

2019 年 3 月 23 日,国家发展改革委联合住房和城乡建设部发布《关于推进全过程工程咨询服务发展的指导意见》(发改投资规〔2019〕515 号),随后,政府和行业协会陆续发布了一系列全过程工程咨询服务文件,推进全过程工程咨询快速发展,这也标志着全过程咨询时代正式到来。全过程咨询服务包括招标代理、勘察、设计、监理、造价、项目管理等多项服务内容。全过程造价咨询服务是对建设项目各个阶段工程造价进行监控的主要手段,是全过程工程咨询服务的一项极为重要的内容。

3.1 全过程造价咨询概述

3.1.1 全过程造价咨询的定义

要正确定义全过程造价咨询的概念,首先需要了解与之紧密相关的工程咨询、工程造价咨询的概念。

1. 工程咨询

工程咨询是指遵循独立、科学、公正的原则,运用工程技术、经济管理和法律法规等多方面的专业知识和经验,为政府部门、项目业主和其他各类客户的工程建设项目决策及管理提供咨询服务的活动及其成果。其内容包括前期立项咨询、勘察设计咨询、招投标咨询、施工实施咨询、投产或交付使用后的评价等工作。

2. 工程造价咨询

工程造价咨询是指从事工程造价管理的企业(亦称工程造价咨询机构或咨询人)接受委托,运用工程造价的专业技能,为建设项目决策、设计、发承包、施工、竣工等各个阶段工程计价和工程造价管理提供的咨询服务。其内容包括编制和审核可行性研究、投资估算、项目经济评价、工程概预算、工程过程结算、工程竣工结算、工程最高投标限价、投标报价等报告文件,以及提供有关工程造价信息资料等单项或多项服务,也包括对建设项目某个阶段或所有阶段全过程的工程造价监控服务与动态造价管理。

3. 全过程造价咨询

全过程造价咨询是指工程造价咨询机构或咨询人受委托人委托,应用工程造价管理的知识与技术,对项目从前期到实施,直至竣工的每个阶段的工程造价开展全过程的监督、控制与管理,并提供关于造价方面的决策咨询意见,为实现建设项目决策、设计、发承包、施工、竣工等各个阶段的工程造价管理目标而提供的咨询服务。

3.1.2 全过程造价咨询的特点

1. 与全过程工程咨询相比,全过程造价咨询的侧重点不同

工程咨询或全过程工程咨询,关注的是项目决策以及项目实施过程中技术方案、管理方式、经济效果等总体的、全方位的问题,其中也包括造价管理,但又不仅仅是造价。工程造价咨询或全过程造价咨询则侧重于造价管理,其核心关注点是工程造价。从这一点来说,也可以认为工程造价咨询是工程咨询的一个细分专业或一个专项工作。

2. 与传统的造价咨询相比,全过程造价咨询的立足点不同

从我国的工程造价咨询发展历程来看,它源于 20 世纪 80 年代末的工程造价咨询行业,最初仅仅停留于工程结算审价或结算、预算工作,多数以单项委托形式存在,咨询机构往往依据合同约定"被动"开展工作,即要求什么就做什么,其成果也只是某个时间点的"静态"反映。如今的全过程造价咨询委托人委托的往往是整个项目、某个标段或某个阶段的造价咨询或投资控制,是"动态控制",是一项期间的管理工作,需要的是期间的管理成果,项目投资成果也随着时间的推移而变化,是围绕预定目标的"动态成果"的反映。因此,从这个角度来说,咨询人需要"主动"站在委托人的立场来考虑问题,需要具有"管家思维",像管家一样为委托人"精打细算",把好投资控制关,当好委托人的"投资参谋""经济顾问"。

3. 与传统的造价咨询相比,全过程造价咨询的深入程度不同

在传统的造价咨询如结算审价中,咨询人多数只是依据委托人提供的资料"按图索骥"地完成工作,一般不需要过多地关心资料形成的过程。在新型的全过程造价咨询模式下,咨询人需要主动深入决策、实施的各个阶段,了解相关方案、技术措施、施工实施过程等,不仅要掌握工程的来龙去脉,还要向委托人预警投资风险,提出相应的投资控制优化意见和建议。

3.2 全过程造价咨询各阶段工作内容与成果

3.2.1 全过程造价咨询的阶段划分

根据建设项目的实施进度、管理内容和管理侧重点的不同,建设项目一般可划分为投资决策阶段、设计阶段、发承包阶段、施工实施阶段和竣工验收阶段。全过程造价咨询的阶段划分通常由建设项目的阶段划分决定,在不同阶段,其工作内容、工作方法、工作成果也各不相同。

在建设项目的不同阶段,政治、社会、经济、技术、环境等诸多外在因素,以及项目本身建设规模、标准、功能、目的、工期等内在因素,对工程造价的影响程度各不相同。其中,投资决策阶段对工程造价的影响可以达到70%以上,设计阶段对工程造价的影响可能高达75%左右,施工阶段对工程造价的影响约为10%,竣工验收阶段对工程造价的影响约为5%。

3.2.2 全过程造价咨询各阶段的主要内容

1. 投资决策阶段

在工程造价咨询体系中,项目投资决策阶段的造价主要是投资估算。投资估算是指依据现有资料,采取有效策略,对整个投资决策过程所产生的项目建设投资额进行估算。一般来讲,投资估算的工作内容需依据工程项目范围和性质而设定。

投资决策阶段的投资估算工作十分重要,不仅与项目建设方向和规模息息相关,而且对整个项目投资有着重要影响。在拟建项目的前期阶段,合理的投资估算,不仅是评价经济效益的基础性工作,更是研究投资方案可行性的重要内容。投资估算的质量在一定程度上对工程项目能否被纳入建设计划起着决定性作用。

2. 设计阶段

项目设计阶段是工程拟建设阶段,也是工程造价管理与控制的重要阶段和关键环节。在工程设计阶段,通过初步设计、技术设计和施工图设计,进行多方案的技术、经济比较分析,遴选最优方案,并确定项目的概预算目标。

在此阶段，围绕委托方的项目投资目标开展工程造价咨询服务，通过工程技术和经济分析，制订工程投资控制目标概预算(或称目标成本)，有效地指导工程项目的全过程造价管理，明确造价管理的主要方向，降低后期工程造价管理的难度。

3. 发承包阶段

发承包阶段是工程项目施工实施的准备阶段。建设单位根据实际情况对项目进行标段划分，并通过公开招标、邀请招标等方式选择工程项目的承包单位(或称承包商)，双方以签订发承包合同形式确定合作关系，共同推进项目的施工实施。因此，很多情况下发承包阶段亦被称为招投标阶段。

这个阶段的造价管理工作主要包括建设单位的招标和施工单位的投标，以及之后的开标、评标、定标和发承包合同的签订等。中标价或合同价作为项目计划成本，在施工实施过程中指导造价管控。

4. 施工实施阶段

施工实施阶段是资金投入量最大的阶段，是由承包单位按照设计图纸进行建(构)筑物施工建造的过程，涉及设计单位、建设单位、施工单位、监理单位、造价咨询单位、检验检测单位、材料设备供应单位、政府监管部门等，造价管理需要面临组织协调、风险不可预见等多重问题。

在施工实施阶段，造价咨询管理除了需要协助建设单位严格监督合同履约、资金计划实施之外，还要严格按合同约定的内容和程序做好各种变更和索赔的管理，有效控制工程造价。造价咨询人需要从委托方角度思考问题，以项目为基础，以实际情况为考量基准，协助委托方进行全面的投资控制分析，进而构建相应的动态管理系统，以进一步控制投资风险，维护合同双方的合法权益，体现造价咨询的价值。

5. 竣工验收阶段

项目竣工验收阶段主要包括工程造价结算和合同清算，以及竣工决算、审计、项目后评价方面的工作。

项目完工后，首先依照合同进行验收并开展工程结算工作，由承包单位提交结算申请及相关资料，经建设单位确认后进行结算审核，包括合同价款结算与确认、变更签证费用确认、甲供材料设备结算与确认、预付款和进度款确认、工程竣工总价款结算与确认等。结算结果直接决定了实际建安造价的高低。在实际项目中，经常会出现超合同金额结算的情况，这对造价影响较大。

其次，还应当开展工程竣工决算工作，这是整个工程造价控制最重要的一环。工程竣工决算是建设项目竣工后，依据国家规定在改建、扩建、新建建筑工程项目竣工验收阶段编制竣工决算报告，其包括建设成果、财务情况、全部建设费用等，是竣工验收报告的核心。根据该报告，能够正确核定新增固定资产，分析和考核投资效果，进而反映出项目的实际造价和投资效果。

对于政府或国有资金投资项目，结算完成并不一定代表项目完全结束，很多时候需要接受项目审计。审计工作需要造价咨询人员配合，这也是对造价咨询工作质量的一种检验。

项目到了竣工结算阶段也就意味着到了检验过程控制成果的阶段，造价咨询的工作重点也转移到了总结阶段，如有需要，还应协助委托人对项目进行后评价，从社会效益、经济效益等多个角度，对项目的投资效果作出客观的分析与评价。

综合上述五个阶段可以看出，全过程造价咨询工作往往时间长、工作量大、过程繁琐且复杂，因此，一定要在签订造价咨询合同时明确注明所包含的工作内容。全过程造价咨询合同所约定的工作内容是开展全过程造价咨询活动的最主要依据之一。

3.2.3 全过程造价咨询的实施方法

1. 投资决策阶段

在投资决策阶段，主要是围绕投资建设项目的技术、经济、环境、目标、风险、管理、策划等内容进行分析论证，对项目的可行性进行判断，确定项目投资估算，指导设计阶段的初步设计。

1) 本阶段造价咨询管理工作重点

（1）参与项目估算编制。造价咨询人员应当收集丰富的估算指标资料，合理估计项目建设所需承担的各项风险及可能获得的收益率，同时提出相关预防措施及应对策略，从而有效保障决策阶段投资估算的准确性、客观性和合理性。在收集估算指标资料时，咨询人员需切实根据项目的具体实施情况，及时对现有指标体系进行灵活更新、调整和修正，以此保障指标的时效性、综合性和适用性。

（2）根据项目的技术方案进行经济效益的评价、分析和比选。项目的经济效益评价内容分为财务分析和经济分析两方面，通过一系列的数据计算和报表编制，直观清晰地表达出经济评价情况，为投资决策提供依据。

2) 投资估算的一般方法

（1）决策阶段投资估算可以细分为项目建议书阶段的投资估算和可行性研究阶段的投资估算。前者可采用生产能力指数法、系数估算法、比例估算法、混合法、指标估算法等；后者原则上采用指标估算法。

（2）项目建议书阶段的投资估算一般要求编制总投资估算表。其中，工程费用应分解到主要单项工程;工程建设其他费用可在总投资估算表中分项计算。

（3）可行性研究阶段的投资估算应编制单项工程投资估算表。单项工程投资估算表纵向应分解至主要单位工程费,横向应分解至建筑工程费、设备购置费和安装工程费。建筑工程费的估算应结合项目特征和工程计量要求分别套用不同专业工程的投资估算指标或类似工程造价资料;当无适当估算指标或类似工程造价资料时,可采用计算主体实物工程量并参考概算定额资料的方式进行估算。设备购置费应按国产标准设备、国产非标准设备、进口设备分别估算设备费用,并应计算设备运杂费等。安装工程费应区分不同安装类型,以设备费为基数或按相应项目的估算指标分别估算。工程建设其他费用应分项详细估算,可在投资估算汇总表中分项编制,也可单独编制工程建设其他费用估算表。基本预备费应以建设项目的工程费用和工程建设其他费用之和为基数进行估算。价差预备费应根据国家或行业主管部门的具体规定估算。建设期利息应根据建设期资金筹措计划和利率进行估算,并应考虑相应的手续费、管理费等。流动资金的估算一般采用分项详细估算法和扩大指标估算法。

2015年12月,中国建设工程造价管理协会颁布了《建设项目投资估算编审规程》(CECA/GC 1—2015),并于2016年6月开始正式实行。该标准分为总则、术语、一般规定、费用构成、编制依据、编制办法、格式要求、质量管理8个章节,对投资估算编制的详细规程等确立了明确的标准,此处不作赘述。

根据项目类型的不同,不同专业工程的费用组成会有所差异。以城市轨道交通建设项目为例,其费用组成见图3.1。

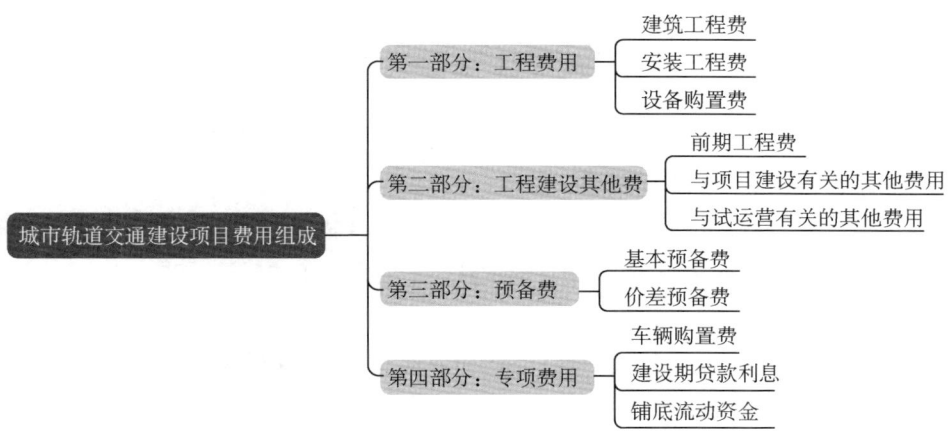

图 3.1　城市轨道交通建设项目费用组成

3) 投资估算过程中的方案比选、优化设计

（1）多方案的比选一般采用投资回收期法、计算费用法、净现值法、净年值法、内部收益率法等，还可采用价值工程原理或多指标综合评分法。

（2）优化设计的投资估算是在确定的设计方案基础上，通过设计招标、方案竞选、深化设计等措施，以降低成本或提高功能为目的，对投资估算进行调整。

4) 投资估算与经济评价的原则

（1）结合市场供需情况、技术先进程度、管理水平等因素，合理确定项目的生产规模，既要实现项目预定目标，又要避免定位过高而造成不必要的投资浪费。

（2）基于产业发展布局、区域定位、交通设施、水文地质、地理环境、气候条件、经济发展水平等因素，在降本增效的原则下，通过综合评估选择适宜的位置，防止因厂址位置选择不当而造成运输成本增加。

（3）在生产方法和工艺流程方面，充分考虑选用技术的先进性、安全性、自动化水平、标准化程度、绿色环保等指标，优先选择经济、高效、环保的技术路线。

（4）结合生产规模、技术方案等要素，在设备满足配套衔接、安全稳定、性能成熟、产品质量可靠等前提下，优先选用国产设备，最大程度降低采购成本。

（5）根据建设规模、技术方案、设备选型等具体特征，优先选择合理先进的工程设计方案，避免因功能设置不合理、空间浪费等造成建安成本增加。

2. 设计阶段

在项目设计阶段，以推行限额设计、标准化设计为指导，通过多方案评价分析与优化来确定概算目标，有效控制工程造价。

1) 推行限额设计

本环节通过限额设计不断优化设计方案和建安计划成本，防止施工过程中设计变更所带来的费用增加。

（1）在初步设计环节，将可行性研究方案中的投资估算作为限额指标，经过多个方案的技术与经济分析后，确定初步设计方案、设计概算。

（2）在施工图设计环节，将初步设计环节的设计概算作为限额指标，经过多个方案的技术与经济分析后，确定施工图设计、施工图预算。

2) 设计方案评价与优化

本项工作是通过技术比较、经济分析和效益评价，正确处理技术先进与经济合理之间的关系，力求达到技术先进与经济合理的和谐统一，这也是设计过程的重要环节之一。评价方法有多指标法、单指标法和多因素评分法。方案优化是指结合工程质量、造价、工期、安全和环保五大目标进行全面最佳匹配，力求达到整体目标

最优。

在设计过程中要进行设计跟踪,及时对设计图纸及工程内容进行估价,及时对设计项目投资与计划投资进行比较。如发现设计投资超过计划投资,则促使设计单位修正设计,以保证投资不超过限额。此外还应进行设计方案的技术经济比较,以寻求投资节约的可能性。

3) 限额设计与设计方案优化的原则

(1) 工程造价人员应当了解委托方的设计意图,掌握设计图中所涉及的项目,参与项目图纸合理性、必要性、重要性的审核工作,发现项目图纸存在的问题,通过合理的分析提出建议,让项目图纸更为完善,让工程造价咨询更为科学、更有价值。当考虑全生命周期成本时,按限额要求设计出的方案可能不一定具有最佳的经济性,此时亦可考虑突破原有限额,重新选择设计方案。

(2) 结合市场动态因素,对项目进行动态预测,同时考虑项目变更等因素带来的风险。

(3) 推行标准化设计。基于技术成熟、经济合理且设计条件具有普遍共性的设计方案,建立通用的产品体系,以规范技术参数和实施流程,保证设计质量,避免施工过程中的设计变更,减少重复设计造成的资源浪费,提高设计效率。标准化设计不但有利于新技术的推广及应用,同时在装配式建筑项目上,更便于机械化、规模化施工,从而加快施工进度,有利于节约材料、提高工效、降低造价、提升项目整体经济效益。

3. 发承包阶段

在工程发承包阶段,造价咨询的重点是协助委托人做好招标策划,准确确定工程数量及标底造价,依法选定中标人,合理设定合同条款。

1) 注重招标策划和招标文件编制

(1) 按照《中华人民共和国招标投标法》《中华人民共和国政府采购法》等相关法律、法规和规定,结合项目实际状况,科学、合理地进行项目招标策划,做好标段划分,力求各标段之间界面清晰,以便于施工进度管理、质量管理、安全管理和造价管理。

(2) 依法、科学、细致地编制招标文件,合理设置发包方式、合同类型、计价方式、评标办法等相关要素。例如:应当根据项目的性质、规模、复杂程度等情况,依法确定采用何种招标方式;根据项目建设规模、技术复杂程度、施工条件等情况,从总价合同、单价合同、成本加酬金合同等合同类型中选择合适的发承包和计价方式。

在招标文件中,必须依法明确针对投标文件的评标办法。通过制定合法、科学、合理的评标办法,可以有效地指导评标专家开展评标工作,也有助于优选出满足招标项目实施所需要的最合适的中标人,为项目的实施奠定良好的基础。

2)准确计量工程数量,合理确定标底造价

(1)工程量清单编制的准确、完整与否,直接影响到投标报价的准确性,影响到合同价的确定,这也是防范索赔风险的投资控制重点。因此,工程量清单计量与编制应做到如下两点:

① 全面了解工程的所有相关资料,如业主意图、技术范围等,要对项目作业内容、作业工艺等清晰明了,保证清单内容、特征描述等要素的完整性及严谨性,做到不重复、不漏项。熟悉图纸并掌握每条说明,注意图纸中给定的图集、作法、编号一定要在清单描述中明确;注意装饰线条、不同种材料交界处网格布、门窗收口、预制构件的灌浆料等细节,在清单描述中予以明确。这样投标人才能更加清晰地报价,避免后期造价的增加。另外,清单描述中可以补充增加一些概括性的内容,如"包含完成本项工程所需的一切工序,满足设计、施工及相关规范或标准的要求"等字样,其目的是防止承包人在结算阶段对一些零星工序向甲方提出不合理的索赔要求。

② 编制界面清晰。由于每个项目的划分界面一般都不同,为了避免结算时不同承包人之间相互推诿,出现重复计量或漏项,造成投资不必要的增加,在开始编制工程量清单之前,应首先与发包人确定好施工划分界面,并在清单编制说明中予以明确,尤其是总包与分包界面、内装饰与外装饰界面、精装修与简装修界面等。一般需要二次设计的部分都没有特别详细的施工图纸,编制界面时可根据类似工程经验提前界定清楚,并在清单中标注明确,这样既可减少后期的争议,又可节省投资。

(2)最高投标限价的合理确定,不仅有利于评标过程中的回标分析和后续的定标工作,也对中标价、合同价的确定具有指导意义。在编制最高投标限价,过程中应当注意以下几点:

① 在熟悉图纸的前提下,严格遵循招标文件的要求进行编制,如定额标准、计价方式、计费标准等,不得改变招标清单所要求的内容。

② 人工、材料、机械费用单价的取定除应符合招标文件约定外,还应该结合工程实际和工程所在时期、地点的建筑材料市场情况,合理、有效地加以确定;要注意材料价格信息的收集与整理,询价可追溯;同时,对于分部分项工程计价,应当有组价分析表,对人工、材料、机械费用进行分析。

③ 注意踏勘现场，对施工组织设计方案进行预先假定。在编制清单前，有条件时应踏勘现场，并依据类似工程经验预先假定施工方案，这一点对于措施项目编制尤为重要，如桩基础、土石方开挖、基坑围护、施工降水、脚手架搭设、模板支护、操作平台搭设、大型机械进出场等措施费用都需要设定参考方案。这就需要编制人员具备一定的施工经验，能根据工程特点合理地考虑此部分费用。

④ 受图纸设计深度及深化设计的影响，部分单项工程或部分设备需要以暂列金或暂估价的形式计入其他项目清单内。暂估价是指总承包招标时不能确定价格而由招标人在招标文件中暂时估定的工程、货物、服务的金额。暂列金或暂估价项目设定应当符合相关招投标法律规范的规定。

⑤ 对于最高投标限价的编制内容、过程、依据等，应当有明确的说明，尤其是重要的措施费用取定需要说明假定的前提条件。

3) 合理设置合同条款，避免或减少风险

在发承包阶段，以发包方(招标人)与承包方(中标人)签署的合同作为本阶段的目标，合同文本是双方锁定权利与义务、风险与利益的最基本、最主要的形式。造价咨询管理就是要协助发包方(招标人)针对招投标中反映的情况、回标分析中发现的诸如"不平衡报价"等潜在风险，向发包方发出预警、提出建议，并通过合同条款的合理拟定，依法、有效地防范和规避风险，为项目投资的合理控制奠定坚实的基础。

4. 施工实施阶段

施工实施阶段是工程项目通过施工过程由方案、图纸转化为工程实体的关键阶段，是工程发承包合同履约的主要阶段。在这个阶段，造价控制工作的重点是：依据发包人与承包人的合同约定，协助发包人并督促承包人依法履行合同；严格控制设计变更，努力把造价控制在合同和投资目标内；通过建立各类合同台账、变更台账、支付台账等，动态跟踪控制工程造价，及时预警可能发生的潜在风险，提出相应的咨询意见。

(1) 全面熟悉合同文件，详细分析合同风险。全面收集、汇总、整理与实施项目相关的合同、招投标文件，以及各类相关政策、规定、批文等资料，熟悉工程图纸、规范以及合同清单，在此基础上编制资金使用计划，让造价控制有据可依。

(2) 施工阶段还要做好各种变更和索赔的管理，严格按合同约定的内容和程序及时处理好各种过程中的变更和索赔。

(3) 施工阶段的费用需进行动态控制。这是因为随着项目的推进，构成造价的人工、材料、机械等费用在不同时期、不同阶段，其市场价格都在变动，造成工程造价是一个动态不固定的变化值。因此需要进行实际费用与计划费用的动态比较，及时发现并分析费用偏差产生的原因，第一时间采取有效措施控制费用偏差。

（4）正确进行工程的验工计价，结合工程实际完成进度计量并复核工程量，复核工程预付款、进度款支付情况，按合同约定进行阶段性的价款结算。

（5）参与施工过程中变更方案的选择与确定，正确理解设计意图，依据设计变更审批流程，严格控制设计变更，对不合理的变更及时提出修改意见。

（6）全面掌握施工过程中第一手的真实资料，协助发包人应对并处理好各类索赔与反索赔事项，有效控制工程造价。

5. 竣工验收阶段

项目竣工验收阶段是对项目成果进行检验、验收、总结的阶段。该阶段造价管理的重点是竣工结算，并根据项目实际情况，配合项目决算审计、项目后评价等工作。

（1）竣工结算应关注的要点包括以下五个方面。

① 在确认项目质量满足相关技术标准并通过验收后，依据合同约定的原则进行项目竣工结算。

② 首先审核结算资料的正确性、完整性、有效性，在此基础上，再依据发承包合同、竣工图纸、计量规则、计价规范等相关资料审核承包人上报的结算工程量、结算单价、变更费用、工料补差、税费计取、结算总价等数据的准确性、合理性。

③ 依据合同约定，审查实际工期是否与合同一致，依据资料分析判断工期延误的责任及原因，并计算相应的奖罚费用。

④ 依据合同或发承包双方的补充约定，对可能发生的其他费用进行结算，如甲供材料费用、施工用临时水电费用等。

⑤ 当发生索赔事件时，还需对索赔事项、内容、金额等进行核查，并提出咨询意见或建议。

（2）根据项目投资性质以及项目业主方的要求，如项目需要提交决算审计，则应当配合向审计单位提供包括结算审核成果报告在内的全部资料，并配合必要的解释工作。

（3）项目竣工结算、决算完成后，应协助业主方对项目进行全面的经济分析，整理形成相关技术经济指标，提供概算目标对照，也为今后的类似项目提供参考依据。

3.2.4 全过程造价咨询成果

在开展项目全过程造价咨询活动的过程中，依据各阶段的不同工作内容和要求,工程造价管理将形成不同的咨询成果。

(1) 投资决策阶段,无论是项目立项,还是可行性研究,项目投资管理的核心是确定估算目标。

(2) 设计阶段,又可细分为初步设计(亦称方案设计)和施工图设计。初步设计形成概算,是项目实施的主要控制目标,也是造价管理的关键控制点;施工图设计形成预算,是对概算目标的分解和细化。

(3) 发承包阶段,也就是招投标阶段,造价管理需要重点关注合同价的形成过程,也是将概算目标分段分解并付诸实施的过程。

(4) 施工实施阶段,是依据概算总目标,围绕合同制订计划,并逐步进行实体推进、将目标转化成现实的动态过程。由于诸多不可预见的因素,造价管理需要重点控制设计变更等对合同价乃至工程总造价产生的影响。

(5) 竣工验收阶段,造价管理应当围绕结算展开,做好项目的总结分析和指标整理积累工作。

总结全过程造价咨询主要工作内容与成果,可以用表3.1进行归纳反映。

表3.1 全过程造价咨询主要工作内容与成果

序号	阶段		主要工作内容	主要成果	相关指标
1	投资决策阶段		可行性研究报告+投资估算→报批→评审→批复估算	估算	估算指标
2	设计阶段	初步设计	设计方案+概算→报批→评审→批复概算→概算分解	概算	概算指标
		施工图设计	施工图+预算→报批→评审→批复预算	预算	预算指标
3	发承包阶段		招标策划审核	合同价	合同价
			招标文件审核		
			招标公告审核		
			资格预审审核		
			招标清单编审		
			招标限价编审		
			开标、评标、定标、清标→合同签订		
4	施工实施阶段		资金计划审核	合同价调整	合同价调整
			合同拆分编制		
			合同变更审核		
			清单修编编审		
			设计变更审核		

（续表）

序号	阶段		主要工作内容	主要成果	相关指标
4	施工实施阶段		工程签证审核	合同价调整	合同价调整
			验工计价审核		
			材料设备核价		
			合同支付审核		
			合同台账编制		
			合同销项审核		
			工程索赔审核		
			投资月报/季报/年报/专报编制		
5	竣工验收阶段	竣工结算	分项/专项结算审核	结算	结算指标
			主体工程结算申请审核		
			结算报告初审/审定		
		财务决算	财务决算审核	决算	结算指标修正
			工程审计审核		

3.3 城市轨道交通工程全过程造价咨询应用实例

城市轨道交通工程作为建设规模和投资额巨大的基础设施项目，不同于以往一些"短、平、快"的中小型项目，不能仅限于事后或单项的结算审核等咨询服务。无论是工程本身的特点还是投资方的要求，对全过程造价咨询专业服务的需求已经变得越来越普遍。在国内各大城市的轨道交通项目建设中，全过程造价咨询专业服务发挥着越来越重要的作用。

3.3.1 城市轨道交通工程全过程造价咨询的特点

相对于一般项目而言，城市轨道交通工程建设项目有着建设规模大、建设周期长、涉及专业多、系统性复杂等特点，这也决定了全过程造价咨询工作有其自身的特点。

1. 投资管控数额大

城市轨道交通运输量大、速度快、效率高，随着城市轨道交通技术的不断成熟与进步，城市轨道交通发挥的交通疏解作用越来越大，成为解决城市中远距离交通问题的首选。轨道交通线路往往跨越城市中多个区域，线路长达数十公里。同时，为了避免与其他城市设施产生矛盾,避免占用城市空间,城市轨道交通主要采用地下盾构敷设方式。基于这些因素,城市轨道交通项目往往投资额巨大,动辄上百亿元至数百亿元,增加了投资管控的难度。

2. 咨询服务周期长

城市轨道交通项目建设周期一般都比较长,从项目启动到竣工,一般需要5~10年,到工程结算乃至审计完成则需要更长的时间。在这个漫长的周期里,咨询人员必须全程提供造价咨询服务,从前期估算、概算服务,到招投标清单与控制价编审、过程中的验工计价、变更审核,一直到竣工结算审核、配合审计乃至后评价。

3. 咨询服务内容涉及面广

城市轨道交通工程建设包括车站、区间、轨道、机电、通信、信号、供电、设备监控与集成、防灾报警、安检设备及门禁、通风空调与采暖、给排水与消防、自动检票、车站辅助设备等十多个复杂的系统,还涉及建设用地动拆迁、各类管线搬迁等诸多协调问题。此外,城市轨道交通工程建设过程涉及勘察、设计、检验检测、监理、施工、材料设备供应等多家单位,需要多方沟通。因此,即便一条线路有时候划分为数个标段,由几家造价咨询单位分别实施,但涉及的各类合同数量也有数百上千个,造价咨询内容涉及面广。

4. 造价咨询工作量大

城市轨道交通项目造价咨询的工作量大,一方面是源于项目规模巨大;另一方面是因为服务内容广泛,以及施工实施过程中经常会出现大量变更。很多时候方案的多变,也从客观上增加了造价咨询人员反复计量计价的工作量。

5. 咨询服务的技术要求高

一方面,地下工程遇到的不可预见困难比较多,例如:盾构推进过程中遇到冻土、流沙、孤石等障碍问题;地下连续墙超深埋深问题;地下设施互相穿越问题;等等。这些问题往往需要专项的特殊技术方案,造价咨询人员也需要在缺少参照项目的情况下对这些特殊方案进行费用测算和比较。另一方面,智能化、无人驾驶、减震抗噪等新技术、新工艺、新材料在轨道交通项目中的运用越来越广泛,这也要求造价咨询人员及时掌握其技术要点、价格来源、价格构成等,相应地对造价咨询人员的技术要求也越来越高。

3.3.2　城市轨道交通工程全过程造价咨询实例解析

全过程造价咨询采用什么样的方法,既取决于项目的类型、投资性质等客观因素,也取决于建设方的项目管理模式、咨询合同要求等主观因素。在实际操作中,不同项目的造价咨询方法也不尽相同。本节将以某轨道交通建设项目为例,介绍全过程造价咨询的具体工作内容。

1. 明确造价咨询委托合同的约定工作内容

以某轨道交通建设项目委托造价咨询合同为例,在合同"第三部分　建设工程造价咨询合同专用条件"中,以合同形式确定了以下工作内容:①建设项目投资估算的审核;②设计概算的审核与调整;③施工图预算的分析与审核;④参与工程招标文件的编制;⑤施工合同的相关造价条款的拟定;⑥招标工程量清单的编制;⑦招标工程招标控制价的编制;⑧各类招标项目投标价合理性的分析;⑨建设项目工程造价相关合同履约过程的管理;⑩工程计量支付的确定,审核工程款支付申请,提出资金使用计划建议;⑪施工过程的设计变更、工程签证和工程索赔的处理;⑫提出工程设计、施工方案的优化建议,各方案工程造价的编制与比选;⑬协助建设单位进行投资分析、风险控制;⑭各类工程的竣工结算审核;⑮配合竣工决算的编制与审核;⑯建设单位委托的其他工作,如 BIM 配合、信息化管理、资产清册配合、项目公司合约管理等。

根据上述合同内容,具体可以将各阶段主要工作内容与要求作进一步细化分解,详见表 3.2。

表 3.2　全过程造价咨询各阶段主要工作内容清单

阶段	工作内容	工作要求
投资决策阶段	投资估算审查	1. 内容全面、费用构成完整、计算合理,深度满足建设项目决策的不同阶段对其进行经济评价的要求。 2. 应依据《建设项目投资估算编审规程》(CECA/GC 1—2007)的有关规定进行。 3. 应审查投资估算编制内容与要求的一致性,审查费用项目的准确性、全面性和合理性。
设计阶段	设计概算审核	1. 应依据《建设项目设计概算编审规程》(CECA/GC 2—2007)的有关规定进行。 2. 应审查设计概算编制内容与要求的一致性,审查费用项目的准确性、全面性和合理性。 3. 调整概算编制的深度与要求、文件组成及表格形式同原设计概算,调整概算应对工程概算调整的原因作详尽分析说明,所调整的内容在调整概算总说明中要逐项与原概算对比,并编制前后概算对比表,分析主要变更原因。 4. 对批准初步设计概算值按工程编码进行分解分析。
	施工图预算审核	1. 可采用全面审查法、标准预算审查法、分组计算审查法、对比审查法、筛选审查法、重点审查法、分解对比审查法等方法;施工图预算审查应重点对工程量、工料机要素价格、预算单价的套用、费率及计取等进行审查。 2. 施工图预算应作为设计单位进行限额设计的依据之一,并作为设计成果考核的标准之一。 3. 咨询人应按委托人制订的设计考核办法,协助委托人进行概算、施工图预算、工程量清单的对比分析工作,并向委托人提交分析成果报告。

（续表）

阶段	工作内容	工作要求
发承包阶段	招标文件与合同相关条款的拟定	1. 在施工招标策划过程中应明确以下问题：承发包方式的选择；招标工程范围的界定；标段的划分；合同价方式的选择；总包与分包的合同关系；计价方式的选择；招标控制价的说明；投标报价的约定。 2. 在工程施工招标文件及合同条款拟定过程中，应对下列问题进行约定：预付款的数额、支付时限及抵扣方式；工程计量与支付工程进度款的方式、数额及时间；工程价款的调整因素、方法、程序及支付时间；索赔与现场签证的程序、金额确认与支付时间；发生工程价款纠纷的解决方式和时间；承担风险的内容、范围以及超出约定范围和幅度的调整方法；工程竣工价款结算编制与核对及支付时间；工程质量保修金的数额、预扣方式及时间；与履行合同、支付款项有关的其他内容等。 3. 招标文件和合同范本的选用应当根据项目特点、规模、管理模式、发承包方式、合同价方式、工程计价方式等因素综合选用国家发布或允许使用的范本。 4. 招标文件和合同条款的拟定应依据以下内容：法律、法规、高院司法解释等国家现行的法律法规、地方性法规、部门规章、地方政府规章；项目特点、标段划分、招标范围、工作内容、工期要求、合同价款方式、设计图纸、技术要求、地质资料、参考资料、现场条件、管理要求等由委托人提供的文件资料；工程建设标准、标准图集、预算定额、费用定额、价格信息、规范性文件等；市场竞争状况、施工技术能力、施工设备状况等其他因素。 5. 拟定招标文件和合同条款时应当遵循如下程序：准备工作、文本选用、文件编制、文件评审及成果文件提交等。
	工程量清单与招标控制价编制	1. 本次工程量清单编制专业范围包括但不限于前期工程（如市政配套）、土建工程、机电系统工程、装修及风水电安装工程，具体要求详见《建设工程工程量清单计价规范》(GB 50500—2013)。 2. 咨询人编制的各专业工程量清单和招标控制价需经集团合约部指定的其他线路投资监理审核，并对审核意见修改完善后方能作为正式招标文件的组成或补充部分，委托人有权在不事先通知的情况下指定线路之间相互交叉复核工程量清单及招标控制价。 3. 工程量清单与招标控制价编制的内容、依据、要求、表格格式等应执行《建设工程工程量清单计价规范》(GB 50500—2013)的有关规定。 4. 招标控制价的编制未采用工程造价管理机构发布的工程造价信息时，需在招标文件或答疑补充文件中予以说明，采用的市场价格应通过调查、分析确定，并有可靠的信息来源。 5. 编制招标控制价时，施工机械设备的选型应根据工程特点和施工条件，本着经济实用、先进高效的原则确定。 6. 编制招标控制价时，应正确、全面地使用行业和地方的计价定额以及相关文件。 7. 编制招标控制价时，应依据国家有关规定计算不可竞争的措施费用和规费、税金。 8. 编制招标控制价时，对于竞争性的措施费用应依据专家论证后的方案进行合理确定。 9. 编制工程量清单应当遵循如下程序：了解编制要求与范围；熟悉工程图纸及有关设计文件；熟悉与建设项目有关的标准、规范、技术资料；熟悉已经拟订的招标文件及其补充通知、答疑纪要等；了解施工现场情况、工程特点；拟订或参考常规的施工组织设计或施工方案；描述分部分项工程量特征，计算分部分项工程量，编制分部分项工程量清单；编制常规措施项目清单；工程造价成果文件汇总、分析、审核；成果文件签认、盖章；提交成果文件。 10. 编制招标控制价时应当遵循如下程序：了解编制要求与范围；熟悉工程图纸及有关设计文件；熟悉与建设项目有关的标准、规范、技术资料；熟悉已经拟订的招标文件及其补充通知、答疑纪要等；了解施工现场情况、工程特点；熟悉工程量清单；掌握工程量清单涉及计价要素的信息价格和市场价格，依据招标文件确定其价格；进行分部分项工程量清单计价；论证并拟订常规的施工组织设计或方案；进行措施项目清单计价；进行其他项目、规费项目、税金项目清单计价；工程造价汇总、分析、审核；成果文件签认、盖章；提交成果文件。

（续表）

阶段	工作内容	工作要求
发承包阶段	投标报价分析	1. 投标报价分析应依据招标文件、招标控制价、投标文件及工程计价有关规定。 2. 投标报价分析一般应包括错漏项分析、算术性错误分析、不平衡报价分析、明显差异单价的合理性分析、措施费用分析，以及安全文明措施费用、规费、税金等不可竞争费用审核。 3. 投标报价分析应仅对各投标单位的投标文件中有关报价中存在的问题提出书面意见，供评标专家评标时参考，不应对投标文件进行任何修改；承担工程量清单或招标控制价编制的造价咨询单位专家不应参加同一项目的评标工作。
发承包阶段	工程合同价款的确定	1. 应执行《建设工程工程量清单计价规范》（GB 50500—2013）的有关规定。 2. 招标工程量清单未依据施工图纸计算的，应在施工图纸发出后按施工图纸核实清单项目并计算工程数量，经合同双方确认后调整合同价款。 3. 招标工程量清单依据施工图纸计算，但实际施工过程中存在个别变更时，应按合同约定方式及委托人的相关管理办法及时进行合同价格的变更调整。 4. 咨询人在项目实施过程中应及时对工程变更提出咨询意见，作为委托人进行合同变更的参考依据之一。 5. 工程合同价最终以审价单位出具的审价报告为准。
施工实施阶段	工程预付款	1. 工程预付款拨付应按发承包合同约定执行，合同无约定时执行《建设工程价款结算办法》的相关规定。 2. 造价咨询企业按发承包合同约定或相关规定，在工程开工前，计算应支付的工程预付款数额。 3. 支付的工程预付款，应根据发承包合同约定在工程进度款中抵扣。
施工实施阶段	工程计量支付	1. 造价咨询单位按发承包合同约定参与工程计量，负责按时审查并确认进度款的支付额度，向委托人提交进度款支付建议，并建立相应工程计量支付管理台账。 2. 造价咨询单位按《建设工程工程量清单计价规范》（GB 50500—2013）的有关规定审核工程计量支付的全部内容，包括：本期已完工程价款；累计已完工程价款；累计已付工程价款；本期已完计日工金额；应增减变更、索赔金额；应抵扣预付款项；应扣减质保金额；其他应增减金额；本期实际应付工程价款；等等。
施工实施阶段	工程变更	1. 造价咨询单位应按发承包合同约定及时完成工程变更费用的审查与处理。 2. 造价咨询单位应对工程变更的有效性、完整性、合理性和准确性进行审查。 3. 工程变更估价处理应遵循的原则：合同中已有适用的价格时，按合同已有价格确定；合同中有类似价格时，参照类似价格；合同中没有适用或类似的价格时，由承包人提出价格，经发包人确认后执行。
施工实施阶段	工程索赔	1. 造价咨询单位应依据发承包合同约定和国家相关规定处理工程索赔，审核索赔理由的正当性、证据的有效性和时效性。 2. 应在规定时间内按合同约定审核索赔申请，或要求申请人进一步补充索赔理由和证据。 3. 应与各方配合，采取合理的索赔计算方法，对索赔加强主动控制，避免索赔费用增多。 4. 工程索赔程序应参照《建设工程工程量清单计价规范》（GB 50500—2013）中第4.6.3条的规定执行。 5. 工程索赔价款的计算应采用下列方法处理：合同中已有适用的价格时，按合同已有价格确定；合同中有类似价格时，参照类似价格；合同中没有适用或类似的价格时，由承包人提出价格，经发包人确认后执行。

（续表）

阶段	工作内容	工作要求
施工实施阶段	投资动态控制	1. 按照施工进度计划编制资金计划，并与进度进行动态对比分析，分析偏差及原因，提出调整建议。 2. 根据施工过程的随机因素与风险因素产生的实际投资与计划投资的差值确定投资偏差。 3. 根据施工过程的随机因素与风险因素产生的实际投资与计划投资的差值确定进度偏差。 4. 分析偏差原因，并向建设单位提出合理的组织措施、经济措施和技术措施，为委托人调整资金筹措和使用计划、进度计划，进行偏差控制与纠正提供可靠依据。
竣工验收阶段	竣工结算	1. 按合同约定进行工程竣工结算审查，出具审查报告，依据国家有关法律、法规和标准，按照发承包合同约定确定最终工程造价。 2. 在合同约定的时间内完成竣工结算审查，并应满足发承包合同约定的竣工结算时限或国家有关规定的要求。 3. 充分利用发承包阶段、施工实施阶段的各项造价咨询成果，并应按发承包合同约定，完整、准确地调整工程造价，反映影响工程价款变化的各项真实内容。 4. 工程竣工结算审查应采用全面审查法，严禁采用重点审查法、抽样审查法或类比审查法等其他方法。 5. 工程竣工结算的审查文件组成、审查依据、审查要求、审查程序、审查方法、审查内容、审查时效，应执行《建设项目工程结算编审规程》(CECA/GC 3—2007)的有关规定。 6. 结算审查文件一般应得到委托人、结算编制人和建设单位的共同认可，确因非常原因不能共同确认时，造价咨询单位应单独出具成果文件，并承担相应的法律责任。
	竣工决算	1. 竣工决算应综合反映竣工项目从筹建开始到竣工交付使用为止的全部建设费用、投资效果，正确核定新增资产价值。 2. 竣工决算依据主要包括：可行性研究报告、初步设计、概算调整及其批准文件、招投标文件、投资计划、经财政部门审核批准的项目预算、承发包合同、工程结算等有关资料，有关财务核算制度、办法，其他有关资料。 3. 竣工决算内容主要包括项目竣工决算报告、竣工财务决算说明书。 4. 最终通过国家审计的工程投资不超过总概算和分项概算。

2. 确定各阶段造价咨询工作目标

为实现工程投资的有效控制，造价咨询人员需要协助业主设置分阶段的控制目标(图 3.2)，便于在项目实施过程中进行动态管理。

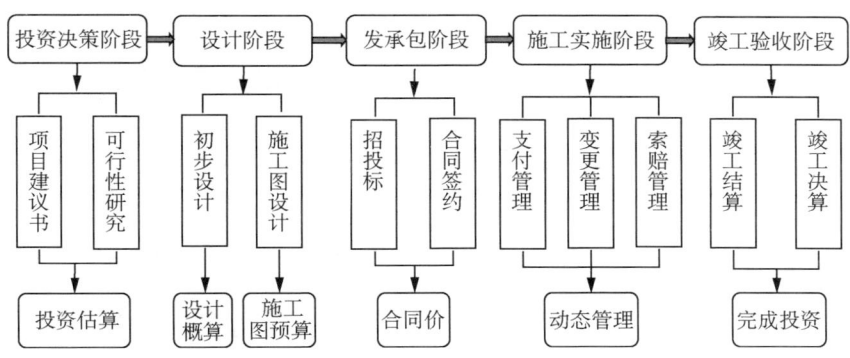

图 3.2　全过程造价咨询各阶段工作目标

3. 城市轨道交通工程全过程造价咨询主要工作流程

(1) 造价咨询工作总体流程如图 3.3 所示。

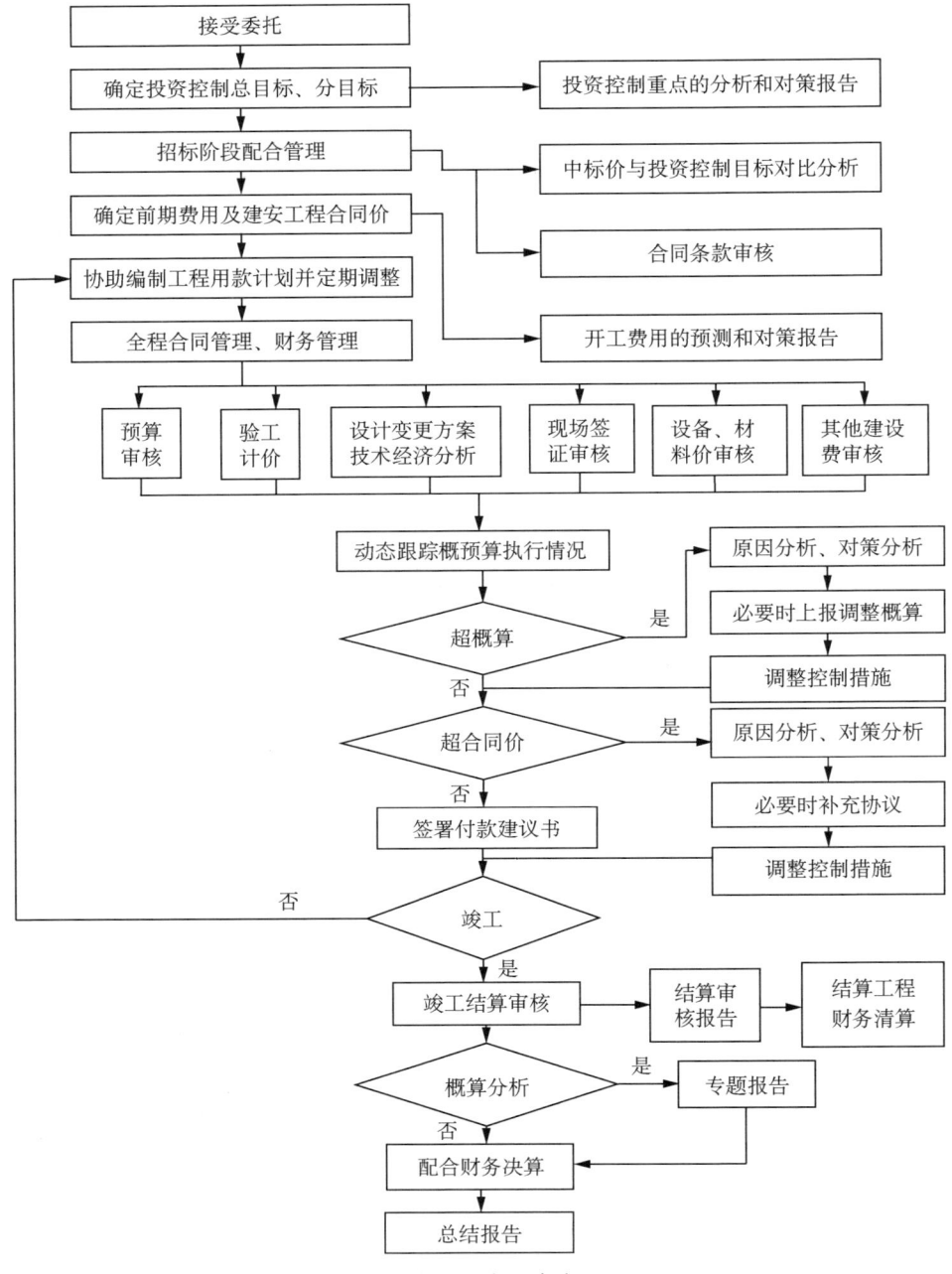

图 3.3　造价咨询工作总体流程

(2) 设计阶段造价控制流程如图 3.4 所示。

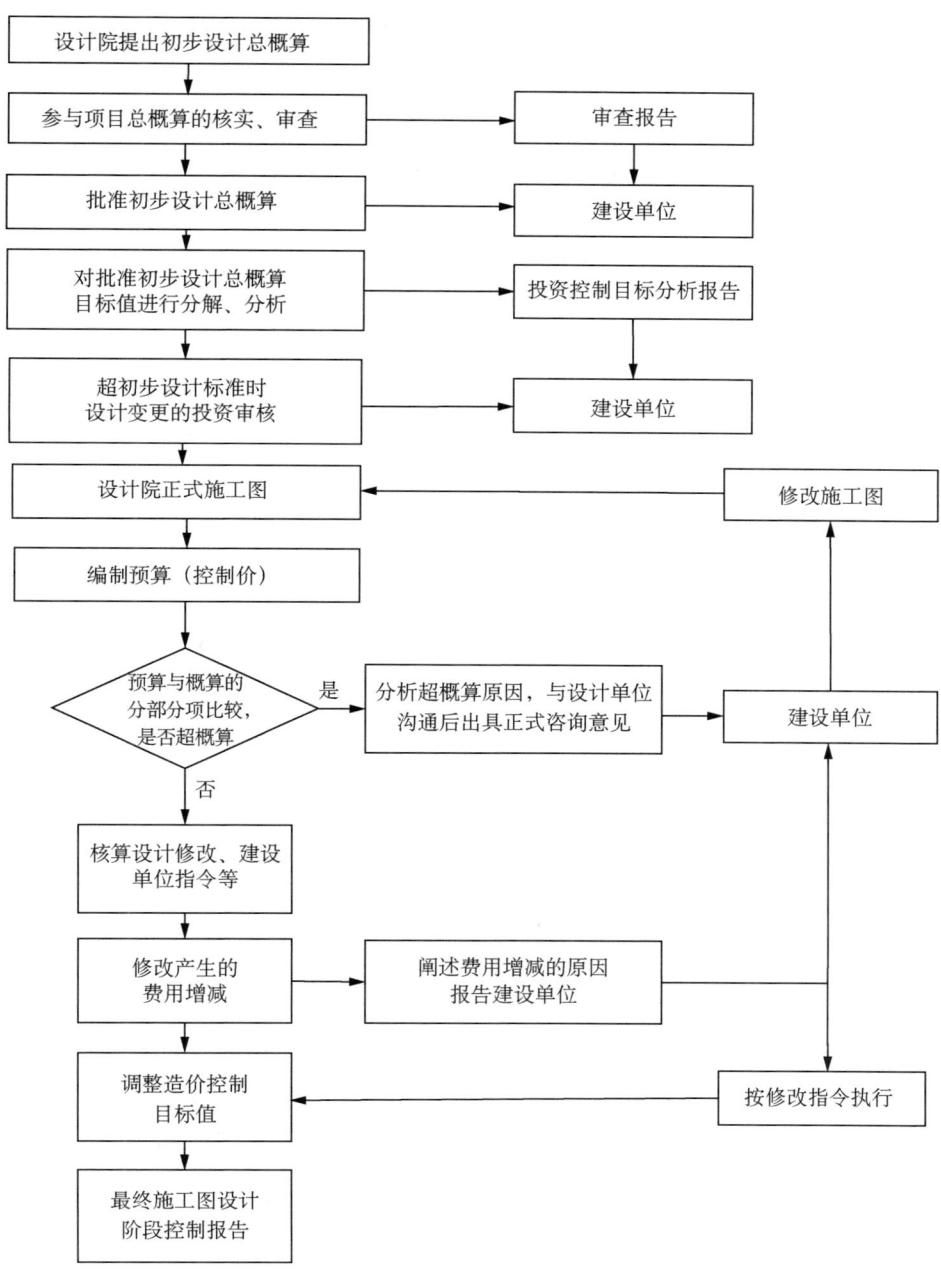

图 3.4 设计阶段造价控制流程

（3）招标阶段造价控制流程如图3.5所示。

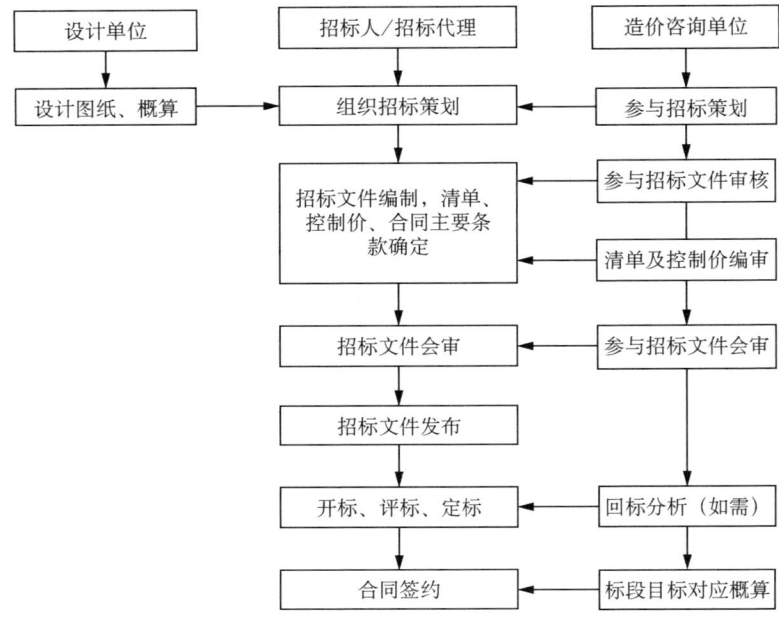

图 3.5　招标阶段造价控制流程

（4）合同会签、流转及审核流程如图3.6所示。

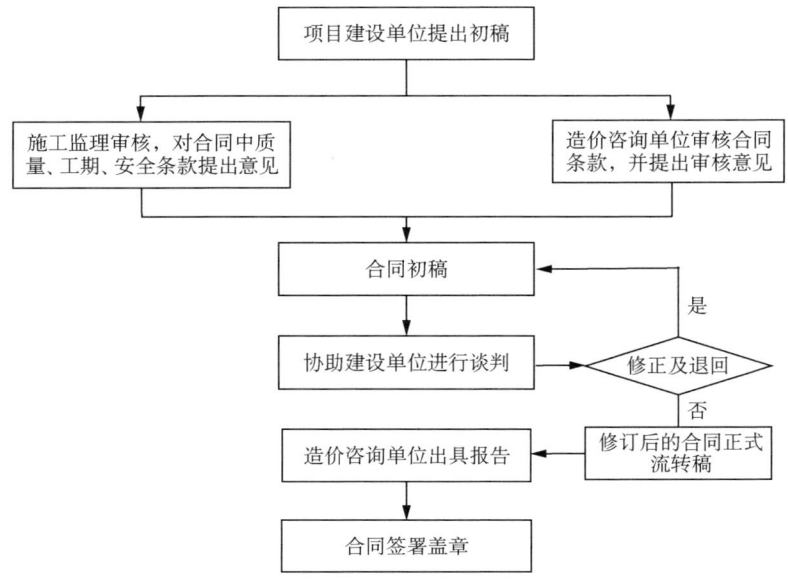

图 3.6　合同会签、流转及审核流程

(5) 设计变更费用审核流程如图 3.7 所示。

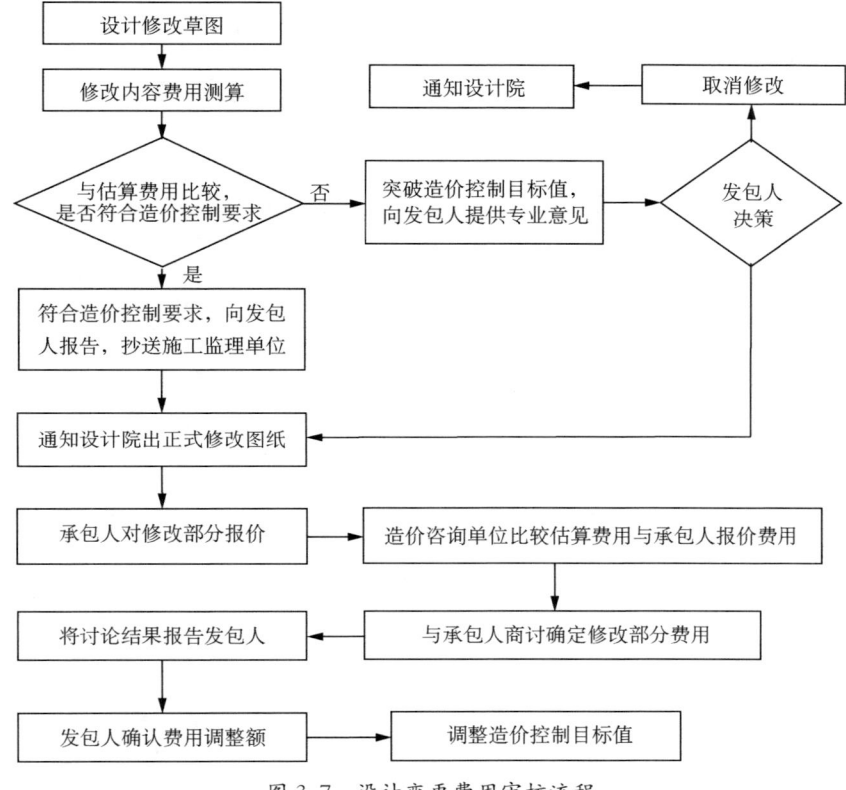

图 3.7 设计变更费用审核流程

(6) 进度款支付审核流程如图 3.8 所示。

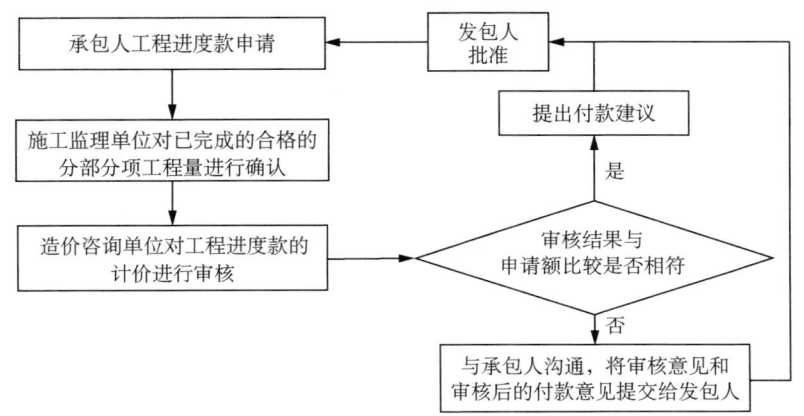

图 3.8 进度款支付审核流程

（7）工程索赔处理流程如图 3.9 所示。

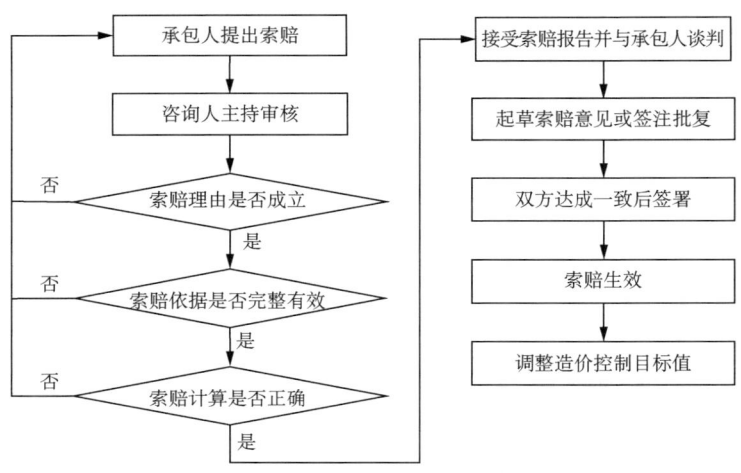

图 3.9　工程索赔处理流程

（8）结算审核流程如图 3.10 所示。

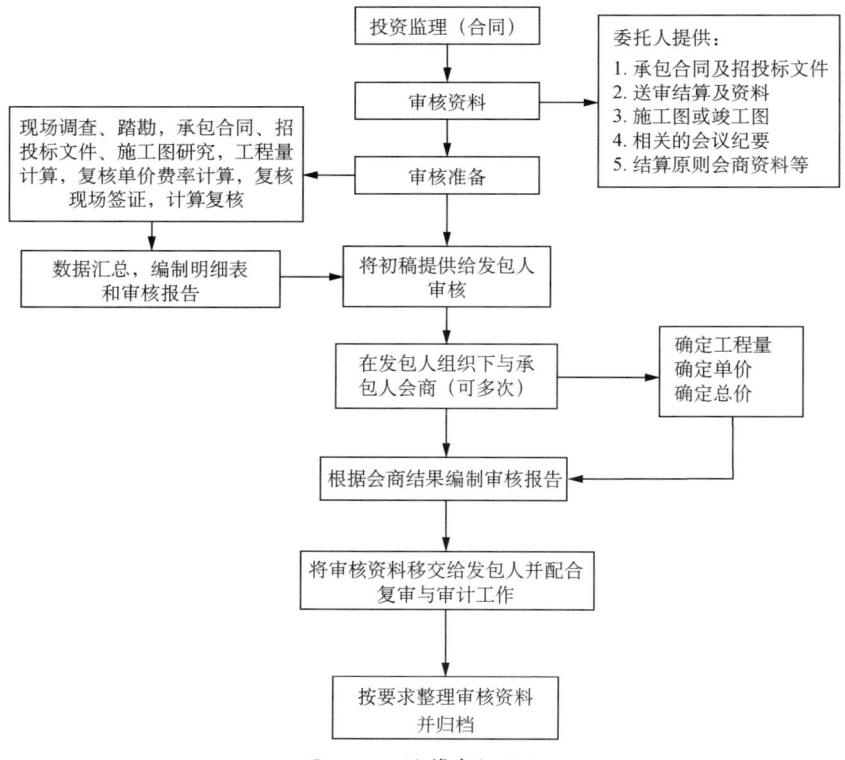

图 3.10　结算审核流程

4. 全过程造价咨询分阶段工作要点

1) 决策阶段的投资估算评审

根据业主方的要求,在本阶段,造价咨询人最主要的工作就是参与项目可行性研究方案的评审与评价,针对项目投资估算提出咨询意见。

例如,在上海某轨道交通项目投资监理过程中,造价咨询人应邀参与了工程可行性研究评估工作,针对业主方《关于轨道交通某工程可行性研究评估报告(征求意见稿)》,就相关专业问题提出了意见与建议。其中,有涉及工程建安费用调整方面的,如轨道减震工程、车站通风空调工程、车站给排水与消防工程、定修段软土地基加固处理等;有涉及二类费用的,如招投标代理服务费;有涉及专项费用的,如车辆购置费等。这些意见反馈为业主方的投资决策估算提供了有力的支持。现摘录造价咨询机构出具的关于轨道交通某工程可行性(以下简称"工可")研究评估意见书。

关于轨道交通某工程可行性研究评估报告(征求意见稿)的意见

某轨道交通××线发展有限公司：

针对贵司发来的《关于轨道交通某工程可行性研究评估报告(征求意见稿)》(以下简称《征求意见稿》),我司进行了认真学习与研究,现就该评估报告的相关事项提出如下意见和建议：

1. 根据轨道环评,轨道减震工程数量调整如下:采取高档钢弹簧浮置板轨道等特殊减震措施,共计单线21 531.70延米;采取中档钢弹簧浮置板轨道等较高等减震措施,共计单线3 090.0延米;采用轨道减震器扣件或LORD扣件等中等减振措施,共计单线18 750.30延米。

2. 在《征求意见稿》投资评估审核中,"车站通风空调"项目单价由1 400万元/站调整为965万元/站,我方认为该指标明显偏低。

在轨道交通××线工程估算审核调整稿中,"车站通风空调"项目为1 000万元/站,其投资估算编制时间为2013年10月,而"轨道交通××线工程"投资估算编制时间为2014年9月。以"车站通风空调"项目中的主要材料"镀锌薄铁皮"为例,根据市建筑建材业市场管理总站发布的信息价,2013年10月的价格约为5 500元/t,2014年9月的价格为6 100元/t,上涨11%左右。

另根据轨道交通××线工程调整概算资料,我方进行了测算,该项目中"车站通风空调"投资为43 649.23万元,32座车站(含××路站),平均每站投资为

1 364万元,主要人工材料单价以2010年至2012年计算。

3. 在《征求意见稿》投资评估审核中,"车站给排水与消防系统"项目单价由550万元/站调整为500万元/站,我方建议评估审核按原上报单价550万元/站计列(轨道交通××线工程估算审核调整稿中"车站给排水与消防系统"项目单价按560万元/站计列)。

4. 定修段软土地基加固处理费用建议按××线××车辆段并入土方费用,按120元/m^3计算或按××线××停车场单列地基加固费2 644万元。

5. 在《征求意见稿》投资评估审核中,招投标代理服务费按沪价费〔2005〕056号及沪价费〔2011〕007号计列存在误差,建议按以上文件有关规定进行调整。调整后,招投标代理服务费合计为672.62万元。其中:

(1) 设计招标全过程代理费(以估算投资为基数)为176.58万元;
(2) 勘察招标全过程代理费(以估算投资为基数)为152.64万元;
(3) 施工监理招标全过程代理费(以建安工程造价为基数)为139.35万元;
(4) 施工招标全过程代理费(以建安工程造价为基数)为204.05万元。

6. 在《征求意见稿》投资评估审核中,车辆购置费按每辆800万元计,因"轨道交通××线工程"与"轨道交通××线工程"所用车辆属于同一类型,建议进行相应调整。

以上建议供参考。

上海正弘建设工程顾问有限公司
轨道交通××线工程投资监理项目部
20××年××月××日

2) 设计阶段的概算复核与分解

(1) 设计报批概算的复核

项目进入方案设计阶段后,概算的确定成为重中之重。以下是某轨道交通工程项目投资监理针对报批设计概算与工可估算所做的对比分析专题报告。该报告列举了概算与估算之间的差值,分析了方案调整、价格上涨、其他费用增加、贷款利息增加等各方面因素,并逐一进行了列表对照和原因分析(表3.3),为设计概算的最终确定与后续概算分解落实奠定了基础。

表 3.3 某项目初设概算与工可估算对比分析表

序号	工程及费用名称	工可批复			初设概算			增减额/万元	增减原因
		数量/正线公里	总价/万元	单价/万元	数量/正线公里	总价/万元	单价/万元		
1	施工准备	59.334	18 595.31	313.40	58.962	18 591.19	315.31	−4.12	施工便道、交通便道、施工护栏、"三通一平"费用有增有减
2	车站工程	59.334	65 207.86	1 099.00	58.962	92 805.61	1 573.99	27 597.75	××站改为地下站,增加1.4亿元,线路越行增减
3	区间工程	59.334	306 316.29	5 162.58	58.962	456 267.98	7 738.34	149 951.69	高架区间改为地下区间,增加5.44亿元,线路越行增加
4	轨道工程	59.334	45 071.99	759.63	58.962	59 692.14	1 012.38	14 620.15	增加特殊减震段,道岔、线路有关工程,轨道加强设备,护轮轨等费用,增加1.8 km地面铺轨费用
5	通信及信号工程	59.334	94 934.40	1 600.00	58.962	99 217.90	1 682.74	4 283.50	增加专用无线消防子系统、电视监控子系统,广播及导乘子系统
6	供电工程	59.334	133 904.06	2 256.78	58.962	149 419.53	2 534.17	15 515.47	主变压器方案变化,牵引变压器、压变压器数量增加6台,触网采用新型材料
7	环境控制与通风工程	59.334	2 304.28	38.84	58.962	6 495.86	110.17	4 191.58	地下站增加
8	防灾报警及综合监控系统	59.334	20 173.56	340.00	58.962	4 752.80	80.61	−15 420.76	设备监控及门禁分列,电力监控列人供电系统、电视监控、广播及导乘列入通信系统
	设备监控系统				58.962	2 716.91	46.08	2 716.91	从防灾报警及综合监控系统中分出
	门禁系统				58.962	1 388.23	23.54	1 388.23	单列
9	给排水及消防系统	59.334	10 887.71	183.50	58.962	11 572.28	196.27	684.57	增加给排水接管费用,车站气体灭火改高压细水喷雾灭火,增加中间风井消防

（续表）

序号	工程及费用名称	工可批复 数量/正线公里	工可批复 单价/万元	工可批复 总价/万元	初设概算 数量/正线公里	初设概算 单价/万元	初设概算 总价/万元	增减额/万元	增减原因
10	车站设备	59.334	228.03	13 529.68	58.962	272.57	16 071.07	2 541.39	电梯、扶梯数量增加，120 km时速要求屏蔽门，安全门等级提高
11	自动售检票系统	59.334	131.46	7 800.00	58.962	170.50	10 052.80	2 252.80	
12	房屋建筑（控制中心）	59.334	135.50	8 040.00	58.962	120.84	7 124.78	−915.22	
13	车辆段及停车场	59.334	1 149.51	68 204.99	58.962	1 408.82	83 066.99	14 862.00	停车场增加试车线引起房屋建筑、工艺设备费用增加1.2亿元，土石方费用增加3 000万元
14	人防工程	59.334	2.02	120.00	58.962	1.71	100.70	−19.30	
15	工器具及生产家具购置费	59.334	42.10	2 497.73	58.962	29.36	1 731.37	−766.36	建安费用变化引起
16	工程建设其他费用	59.334	5 727.22	339 818.76	58.962	7 755.98	457 308.31	117 489.54	前期工程费用增加9.2亿元，其他基本建设费用增加2.5亿元
17	以上各章合计	59.334	19 169.56	1 137 406.61	58.962	25 073.38	1 478 376.44	340 969.83	
18	预备费	59.334	1 533.56	90 992.53	58.962	965.03	56 900.12	−34 092.41	预备费率由8%调整到5%
19	车辆购置费	59.334	2 426.94	144 000.00	58.962	2 340.49	138 000.00	−6 000.00	车辆减少6列
20	静态投资合计	59.334	23 130.06	1 372 399.13	58.962	28 378.90	1 673 276.55	300 877.42	
21	工程造价涨价预备费				58.962				
22	固定资产投资方向调节税				58.962				
23	建设期贷款利息	59.334	1 500.41	89 025.13	58.962	1 797.70	105 995.84	16 970.70	静态投资增加
24	动态投资合计	59.334	24 630.47	1 461 424.27	58.962	30 176.59	1 779 272.39	317 848.12	静态投资及贷款利息增加
25	铺底流动资金	59.334	24.27	1 440.00	58.962	23.40	1 380.00	−60.00	车辆费用减少
	建设项目总投资	59.334	24 654.74	1 462 864.27	58.962	30 200.00	1 780 652.39	317 788.12	

关于轨道交通××线工程初步设计概算上报稿(2009年5月)与工可估算总投资对比分析投资监理专题报告(第一期)

一、项目概况

（一）项目简介

轨道交通××线××段工程全长××km，其中地下线长约××km，高架线长约××km，共设车站11座，其中，地下车站2座，高架车站9座，线路计划于2012年建成通车。建成后，可与轨道交通网络中的5条线路换乘。该工程从××枢纽至××，将是国内第一条市域快速线，建成后将采用最快时速为120 km的舒适型A型车。

（二）投资情况及资金来源

工可研究报告的批复总投资为××亿元。所需资金来源：项目资本金××亿元，由市区两级建设财力安排；其余资金由项目公司通过银行贷款等筹措。

本工程初步设计上报概算总投资为××亿元。所需资金来源：项目资本金××亿元，由市区两级建设财力安排；其余资金由项目公司通过银行贷款等筹措。

二、对比说明

工可批复总投资××亿元，初步设计总投资××亿元，较工可增加××亿元。初步设计超工可21.72%。其中，第一部分费用增加××亿元，预备费及车辆购置费减少××亿元，贷款利息增加××亿元。超工可的项目及原因主要有以下几点：

（一）方案调整

1. ××站—××站—××站两区间中，6.668 km高架区间改地下区间，增加费用12.3亿元，超工可8.41%。其中，建安费用为9.6亿元，前期费用增加2.7亿元。

2. 越行方案中车站区间设备规模扩大，增加费用9亿元，超工可6.15%。其中，建安费用为7.2亿元，前期费用增加1.8亿元。

3. 盾构方案变化：地下区间双线 $\phi 5.5$ m 单圆盾构改 $\phi 10.6$ m 单洞双线盾构，环评要求引起高架特殊减震段数量增加16.8铺轨公里，增加费用6.7亿元，超工可4.58%。

4. 最快时速由100 km调整为120 km，引起车站线路部分设施材料等级提高，试车场规模变化，增加工程费用。

5. 以上方案调整引起前期工程费用增加5.5亿元，超工可3.76%。

若按工可方案执行，初步设计概算约××亿元，较工可增加10.5亿元，超工可7.18%。

（二）价格上涨因素

工可编制期为 2007 年 9 月，初步设计编制期为 2009 年 3 月。

以上原因引起第一部分费用中的建安费用大幅增加，约 22.35 亿元。

（三）工程建设其他费用增加

工程建设其他费用增加 11.7 亿元，其中，前期工程费用增加 9.2 亿元，其他基本建设费用增加 2.5 亿元。

（四）工程费用增加引起贷款利息增加 1.7 亿元。

上海正弘建设工程顾问公司

轨道交通××线工程投资监理项目部

20××年××月××日

（2）批复概算目标的分析和分解

经有关管理部门对轨道交通项目设计概算批复后，该项目便进入实施准备阶段。为确保对概算目标的充分熟悉与掌握，项目造价咨询人员首先配合业主方对批复概算进行详细分析和分解，为项目招投标策划与推进提供有力保障。

在某轨道交通工程投资监理过程中，造价咨询人员分别就批复概算中的施工准备、车站工程、区间工程、轨道工程、通信及信号、供电、环境控制与通风、火灾报警及综合监控系统、设备监控、门禁系统、给排水及消防系统、车站设备、自动售检票系统、房屋建筑（控制中心）、车辆段及停车场、人防工程、工器具及生产家具购置费、工程建设其他费用共 18 个部分的主要工程量和费用内容进行了详细的分析，揭示了潜在的风险，同时提出了相关建议。

除此之外，造价咨询人员还就盾构施工机具费用、U 形预制梁预制及运输费用、施工措施费用、因某些设计方案不明确可能导致的概算未考虑或考虑不足费用等提出了相关的意见与建议。

上述分析有助于业主方对批复概算建立充分、全面的认识，也为后续的概算目标分解和实施明确了方向。

3）发承包阶段的招投标管理

（1）参与项目招标策划

建设项目的整体招标策划工作必须遵循"标段规模适中，有利于投标单位数量与质量的控制、有利于工程施工管理、有利于施工界面清晰、有利于投标单位合理有序竞争"的原则，合理划分招标标段及确定招标计价模式和合同形式，尽量减少标段划分不合理、工程界面不清晰等在工程实施过程中导致施工合同内容变更或续标等而增加投资的不确定因素，同时从投资控制角度充分考虑承前（概算的切块分解）启后（界面划分、接口管理、结算审价原则设置）的连续性、适用性与可操作性，为投资的有效控制创造有利条件。

明确标段命名规则是做好招标策划工作的重要内容。为便于招标及合同管理，标段命名应遵守统一规则，命名方式为"××标：位置＋规定名称"，其中××为数字编号，按实施项目上行线方向依次连续递增，如"××标：××路站、××路站—××路站盾构区间和中间风井、××线联络线土建工程"。

标段划分编制的时间要求必须明确。标段划分一般在收到概算批文后即可进行。标段划分所包括的招标项目是指《中华人民共和国招标投标法》适用范围内必须招标且在招标监管部门监管下的公开招标项目，主要包括设计勘察、施工、监理和采购四类。其中，设计勘察类包括勘察、设计两大项，施工、监理、采购类包括土建、机电两大项。某轨道交通工程招标策划示意图如图 3.11 所示。某轨道交通工程标段划分计划表如表 3.4 所示。

（2）工程量清单与最高投标限价编审

在全过程造价咨询过程中，协助业主方做好工程量清单和最高投标限价的编制与审核是咨询工作的一个重要环节，其结果将影响施工实施阶段的合同履约，也会对后期结算产生较大的影响。同时，对于造价咨询人来说，这也是一项十分普遍和常见的工作，并且需要造价咨询人在短时间内集中投入较多的时间和精力。

工程量清单及最高投标限价成果文件一般包括：签署页；总说明；分部分项工程项目清单与计价表；分部分项工程量清单综合单价分析表；措施项目清单与计价汇总表；安全防护、文明施工清单与计价明细表；其他措施项目清单与计价表；单价措施项目清单与计价表；其他项目清单与计价表；暂列金额明细表；材料及工程设备暂估价表；专业工程暂估价表；计日工表；总承包服务费计价表；规费、税金项目清单计价表；主要人工、材料、机械及工程设备数量与计价一览表等。

现摘录轨道交通某工程最高投标限价编制说明。轨道交通工程量清单编制实例详见图 3.12 和表 3.5—表 3.11。

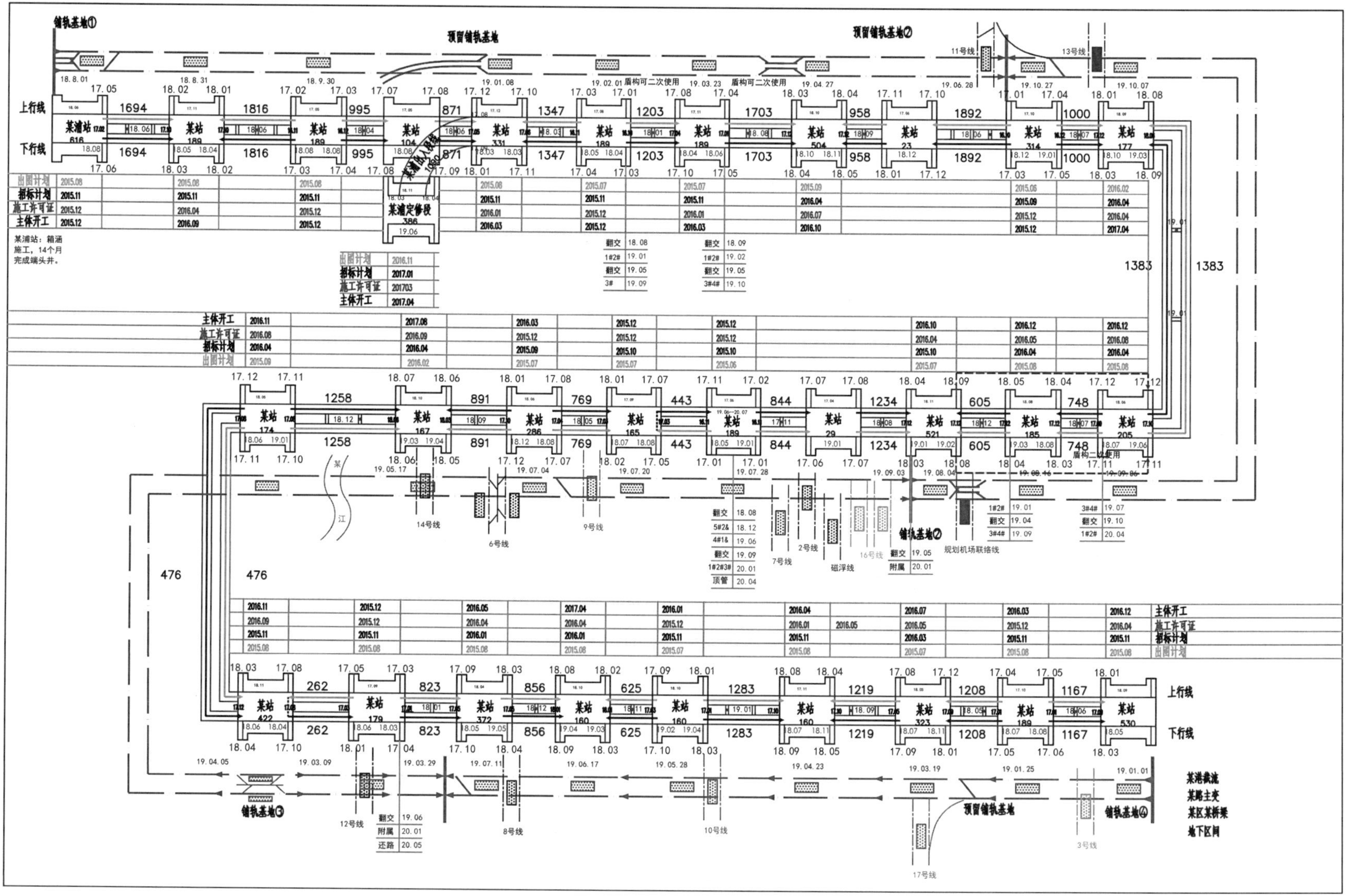

图 3.11 某轨道交通工程招标策划示意图

表 3.4　某轨道交通工程标段划分计划表（摘录）

招标方式		名称	××停车场	出入场线	盾构区间	××站（地下二层）	盾构区间	××站（地下三层）	××站（地下三层）	盾构区间	××站（地下三层）	盾构区间	××站（地下二层）
		长度/m	386.0		1 694.0	189.0	1 051.0	205.0	165.0	1 258.0	160.0	1 100.0	189.0
	项目管理部				项经一部			项经二部		项经三部		项经四部	
公开招标（市招办）	土建工程		1标：1. ××停车场房建、市政；2. 出入场线暗埋段；3. 出入场线工作井；4. 造价：××万元		3标：1. ××站—××站盾构区间；2. ××站—××站盾构区间；3. ××桥、××桥；4. 造价：××万元	4标：1. ××站；2. 中间风井；3. ××站；4. 造价：××万元	9标：1. ××站—××站盾构区间；2. ××站—××桥、××桥；3. ××桥、××桥；4. ××站—××盾构区间；5. ××站—××盾构区间；6. 造价：××万元	10标：1. ××站；2. ××河箱涵；3. ××站；4. 造价：××万元	12标：1. ××站；2. ××站—××站盾构区间；3. ××站；4. ××站—××站盾构区间；5. ××站1号线换乘部分；6. ××站6号线换乘部分清障；7. 造价：××万元	13标：1. ××站—××站盾构区间；2. ××站；3. ××站—××站盾构区间；4. ××站；5. 造价：××万元	17标：1. ××站；2. ××站；3. 造价：××万元	18标：1. ××站—××站盾构区间；2. ××站—××站盾构区间；3. 造价：××万元	19标：1. ××站；2. ××站；3. 造价：××万元
			××停车场绿化（另行招标）；造价：××万元										
公开招标（市招办）	土建监理		1. 监理1标（房建、市政、绿化出入场全部及出入场线敞开段、暗埋段、工作井）；2. 造价：××万元		1. 监理3标对应土建3标；2. 造价：××万元	1. 监理4标对应土建4标；2. 造价：××万元	1. 监理9标对应土建9标；2. 造价：××万元	1. 监理10标对应土建10标；2. 造价：××万元	1. 监理12标对应土建12标；2. 造价：××万元	1. 监理13标对应土建13标；2. 造价：××万元	1. 监理17标对应土建17标；2. 造价：××万元	1. 监理18标对应土建18标；2. 造价：××万元	1. 监理19标对应土建19标；2. 造价：××万元
公开招标（市招办）	水系调整		水系调整施工（其余河道改建跟随土建标段划分）		纳入土建标段					纳入土建标段		纳入土建标段	

（续表）

名称		××停车场	出入场线	盾构区间	××站（地下二层）	盾构区间	××站（地下三层）	××站（地下三层）	盾构区间	××站（地下三层）	盾构区间	××站（地下二层）
长度/m		386.0	1 694.0	189.0	1 051.0	205.0	165.0	1 258.0	160.0	1 100.0	189.0	
项目管理部		项经一部				项经二部		项经三部		项经四部		
招标方式												
公开招标（市招办）	水系调整	水系调整监理（其余河道改建跟随土建标段划分）	纳入土建标段									
	管片制作	管片制作（5个标，其中浦西2个，浦东3个）			纳入土建标段			1. 管片制作4标（6 288环） 2. 造价：××× 万元		纳入土建标段		
公开招标（市招办）	管片监理	管片监理（同制作）						1. 管片监理4标 2. 造价：××× 万元		1. 管片监理5标 2. 造价：××× 万元		
公开招标（市招办）	轨道（以××路站为界划分）	轨道（全线2个标）	1. 轨道A标（××停车场—××站） 2. 造价：××万元				1. 轨道B标（××站—××站） 2. 造价：××万元					
		轨道监理（全线1个标）	1. 轨道监理 2. 造价：××万元									
公开招标（市招办）	人防门和防淹门	人防门和防淹门标（全线人防门和防淹门）	1. 人防门和防淹门 2. 造价：××万元									
		人防门和防淹门监理标（全线人防门和防淹门）	1. 人防门和防淹门监理 2. 造价：××万元									

（续表）

名称	××停车场	出入场线	盾构区间	××站（地下二层）	盾构区间	××站（地下二层）	××站（地下三层）	盾构区间	××站（地下三层）	盾构区间	××站（地下二层）
长度/m		386.0	1 694.0	189.0	1 051.0	205.0	165.0	1 258.0	160.0	1 100.0	189.0
项目管理部	项经一部				项经二部			项经三部		项经四部	

招标方式			
公开招标（市招办）	主变电站安装、装修（不含电缆通道）	1. ××路主变电站土建及装修纳入土建10标	
	主变电站监理	1. ××路主变改造纳入土建10标	
	主变设备采购	主变压器110/35 kV,110 KVGIS开关柜,35 KVGIS开关柜设备采购	
	轨道（以××路站为界划分）	导向标志	1. 导向标志标（全线） 2. 造价：××万元
		垃圾桶	1. 垃圾桶标（全线） 2. 造价：××万元
		座椅	1. 座椅标（全线） 2. 造价：××万元
		通信工程	1. 通信（全线）、专用无线通信系统（全线） 2. 造价：××万元
		信号工程	1. 信号系统设备采购标（全线）、信号系统安装标（全线） 2. 造价：××万元
		防灾报警/设备监控/门警系统	1. 防灾报警/设备监控/门警系统标（全线） 2. 造价：××万元

（续表）

招标方式	名称	××停车场	出入场线	盾构区间	××站（地下二层）	盾构区间	××站（地下三层）	××站（地下三层）	盾构区间	××站（地下三层）	盾构区间	××站（地下二层）
	长度/m		386.0	1 694.0	189.0	1 051.0	205.0	165.0	1 258.0	160.0	1 100.0	189.0
		项目管理部	项经一部				项经二部			项经三部		项经四部
公开招标（市招办）	气体灭火系统	1. 气体灭火标(全线) 2. 造价：××万元										
	主变电站供电外线	1. 主变电站供电外线标(直接委托，分4个) 2. 造价：××万元										
	牵引降压变电所和电力监控	1. 牵引降压变电所和电力监控标(全线) 2. 造价：××万元										
	接触网、牵线电缆、杂散电流	1. 接触网、干线电缆、杂散电流标(全线) 2. 造价：××万元										
	轨道路站（以××为界划分）	供电设备采购	供电系统35/0.4 kV配电变压器、供电系统整流变压器、直流1 500 V开关柜、0.4 kV低压有源滤波装置、0.4 kV开关柜、UPS电源整合系统设备0.4 kV开关柜										
		屏蔽门	1. 屏蔽门(全线) 2. 造价：××万元									
		停车场工艺设备采购	1. 停车场工艺设备采购(全线，可分停车场) 2. 造价：××万元									
		工艺设备集成项目	1. 停车场工艺设备采购(全线，可分停车场) 2. 造价：××万元									

（续表）

招标方式	名称	××停车场	出入场线	盾构区间	××站(地下二层)	盾构区间	××站(地下三层)	××站(地下三层)	盾构区间	××站(地下三层)	盾构区间	××站(地下二层)
	长度/m		386.0	1694.0	189.0	1051.0	205.0	165.0	1258.0	160.0	1100.0	189.0
	项目管理部	项经一部					项经二部			项经三部		项经四部
公开招标(市招办)	轨道(以××路站为界划分)	自动售票检票设备(自助售票检票)施工总包	1. 自动售票检票(AFC)系统集成工程项目采购安装(全线) 2. 造价：××万元									
		自动售票采购	1. 自动售票检票(AFC)系统集成工程项目采购安装(全线) 2. 造价：××万元									
		自动扶梯	1. 自动扶梯标(全线) 2. 造价：××万元									
		垂直电梯	1. 垂直电梯(全线) 2. 造价：××万元									
		环境监测(全线10个标)	1. 监测××标：对应土建××标(详细略) 2. 造价××万元(详细略)									
	旁通道	全线6个(详细略)										
比选(阳光采购平台)	材料检测	材料检测(全线按3标段划分)	1. 材料检测2标[××站(不含)—××站(不含)] 2. 造价：××万元					1. 材料检测2标[××站(不含)—××站(不含)] 2. 造价：××万元			1. 材料检测3标[××站(不含)—××站(不含)] 2. 造价：××万元	
	轴线复核及结构变形测量	轴线复核及结构变形测量(全线按3标段划分)	1. 轴线复核及结构变形测量1标[××站—××站(不含)] 2. 造价：××万元					1. 轴线复核及结构变形测量2标[××站(不含)—××站(不含)] 2. 造价：××万元			1. 轴线复核及结构变形测量3标[××站(不含)—××站] 2. 造价：××万元	

轨道交通××线××期土建工程
土建工程1标(××站—××站盾构区间、××桥、××站、××站—××站盾构区间、××站、××站—××站盾构区间)
上网信息价编制说明

一、工程概况及招标范围

(一)工程概况

1. ××站—××站盾构区间

××站—××站盾构区间出××站后,沿××路向西北方向前行,线路下穿××路及××河,并在××路上设置了1处联络通道,最后线路以直线进入××站。沿线主要建(构)筑物包括:××宾馆、××酒店、××驳岸、××加油站、××村、××经济发展区综合楼等。区间里程范围:CK36+926.594—CK37+590.160。区间结构形式为盾构法圆形隧道区间,线路平面线间距为13.8~16.1 m,线路长663.566 m。该区间覆土厚度为11.4~18.2 m。

因××站西端头井用于本区间盾构接收,故需在接收前完成××站预留吊装孔盖板的切割,并在盾构接收完成后,对××站西端头井进行填仓及结构立柱施工。

2. ××桥

既有××桥位于××路,为跨越××河而设。根据物探资料及现场踏勘情况,该桥跨径布置为1×16 m,横断面宽25 m,基础为桩基础,桩底标高-31.5 m,桩型未知。拟建轨道交通××线××期工程盾构区间与该桥桥桩冲突。在轨道交通××线盾构推进前,会对该桥进行拆除,对影响盾构区间范围内的桥梁桩基进行拔除,再新建桥梁。新桥桩基需预留盾构推进空间。

桥梁改建方案中跨径布置为1×22 m,桥宽按25.0 m实施,同时预留拓宽改建条件:北侧由于红线与改建桥边线范围内被盾构占据,预留7.2 m宽的桥台,拓宽时仅需架设板梁及改造桥面即可;南侧并无限制条件,拓宽时新建上、下部桥梁结构即可。上部结构采用22 m预应力混凝土空心板梁(刚接空心板),采用简支结构。

在桥梁改建过程中,需先将原桥梁拆除,并将桥梁的桩基清除至区间底标高下3 m。桥梁宽度按原桥梁宽度实施,长度按河道规划要求实施,为配合桥梁改造及道路翻交需要,需在原桥梁北侧新设1座临时便桥,等工程结束后予以拆除。另外还须对桥梁两侧的防汛墙、驳岸按要求进行改造。

3．××站

××站为××线××期工程起点站,车站中心里程为CK37+372.601。××站沿××区××路纵向设置,位于××路口南侧。××路规划道路红线宽45 m,为城市交通主干道,现状为16 m,双向四车道。本站为地下三层岛式车站,采用双柱三跨现浇钢筋混凝土箱型结构,有效站台宽13 m,车站主体规模为165 m×21.54 m(内净),底板埋深约26.24 m。

车站设3个出入口,1个消防专用出入口,2部无障碍电梯。车站设2组共8个风井,均为高风亭形式,位于××路北侧地块内。1号出入口与1号风亭组结合设置,2号出入口位于××路南侧,2号风亭组与3号出入口结合设置位于1号风亭组西侧,均紧邻××路布置。1号消防疏散口位于1号出入口南侧并沿××路北侧设置。

4．××站—××站盾构区间

××站—××站盾构区间出××站后,以 $R=400$ m 的曲线侧穿××苑,沿××路由南向北前行。本区间线路沿线建(构)筑物较为密集,线路下穿××路、××路,并在××路上设置了1处联络通道兼泵房,最后线路以直线进入××站。沿线主要建(构)筑物包括:××厂、$\phi 2\,400$ mm 原水管、××苑、××城等。区间里程范围:CK37+755.163—CK38+597.985。区间结构形式为盾构法圆形隧道,线路平面线间距为12~16.1 m,线路长842.822 m。该区间覆土厚度为10.9~20.5 m。

5．××站

××站位于××路以北的规划××路下,沿××路南北向布置,为地下二层岛式车站,站台北端设单渡线。站台宽度为12 m。车站中心里程为CK38+678.185。车站规模受配线形式控制,为295 m×19.64 m(内净)。站台中心处顶板覆土约3.7 m,底板埋深约17.79 m。

车站共设有4个出入口,其中1号、3号出入口位于车站东侧,4号、5号出入口位于车站西侧,沿规划××路独立设置。另在车站东侧预留2号出入口接口。车站还设有1处消防出入口,与1号出入口整合设计。车站共设有3组风亭,均位于车站东侧,其中,1号、2号风亭位于车站东北端地块内,3号风亭位于车站东南端地块内,2号风亭与1号出入口整合设计,3号风亭与3号出入口整合设计。

6．××站—××站盾构区间

××站—××站盾构区间出××站后,沿××路向北前行,然后以 $R=420$ m 的曲线向西北方向转至××路上,其间下穿多处建筑物浅基础,并设1处联络通道,最后线路以直线进入××站。沿线主要建(构)筑物包括:××园、××厂、××公司等。区间里程范围:CK38+892.985—CK39+761.593。区间结构形式为盾构法圆形隧道,线路平面线间距为14.4~17.1 m,线路长868.608 m。该区间覆土厚度为7.8~12 m。

（二）本工程招标范围

本次招标范围为××站—××站盾构区间、××桥、××站—××站盾构区间、××站、××站—××站盾构区间等土建结构工程。

二、招标项目工可评审造价

对应本次招标范围工可评审初稿为78 415万元,其中:××站—××站盾构区间5 958万元,××站30 358万元,××站—××站盾构区间7 851万元,××站24 759万元,××站—××站盾构区间8 089万元,××桥1 400万元。

三、上网信息价编制依据

(1) 项目公司2021年3月提供的用于招标的施工图纸;

(2) 本标段招标文件及工程量清单;

(3) 轨道交通××线上报可行性研究投资估算评审费用;

(4) 上海市轨道交通定额、市政定额(2016版)及相关文件规定;

(5) 参考近期完成招标的××线一期、××线西延伸限价及本线近期完成招标标段的中标单价等的相关资料;

(6) 集团关于限价编制的相关指导意见及规定。

四、投资估算与上网信息价的比较说明

本次招标范围所含工程内容的工可评审初稿价格为78 415万元,本标段限价测算为68 324.19万元,相比工可评审初稿价格节约比率为12.87%。

(1) ××站—××站盾构区间(含××路西端头井后封孔等工程)测算价格为5 203万元,对应招标范围工可评审初稿价格为5 958万元,比工可评审初稿费用节约755万元。

(2) ××桥测算价格为1 583万元,对应招标范围工可评审初稿价格为1 400万元,比工可评审初稿费用增加183万元。

(3) ××站测算价格为23 443万元,对应招标范围工可评审初稿价格为30 358万元,比工可评审初稿费用节约6 915万元。

(4) ××站—××站盾构区间测算价格为6 107万元,对应招标范围工可评审初稿价格为7 851万元,比工可评审初稿费用节约1 744万元。

(5) ××站测算价格为25 258万元,对应招标范围工可评审初稿价格为

24 759 万元，比工可评审初稿费用增加 499 万元。

（6）××站—××站盾构区间测算价格为 6 730 万元，对应招标范围工可评审初稿价格为 8 089 万元，比工可评审初稿费用节约 1 359 万元。

（7）专业工程暂估价：××站—××站—××站—××站盾构区间 3 座联络通道及 1 座泵房共计专业工程暂估价 1 140 万元；××站、××站全球眼视频监控共计专业工程暂估价 50 万元。

其他说明如下：

本标段限价测算企业管理费、利润按 30.61% 计，根据上海市相关文件规定，安全文明措施费按 2.4% 计，其他措施费按 4% 计，社会保险费按《关于调整社会保险费取费和缴交核付办法的通知》（沪建市管〔2019〕24 号）的规定按 34.61% 计，增值税税率按 9% 计取。所有人工、材料、机械价格按上海市轨道交通定额（2016 版）及相关文件规定下浮 11.5%。

本标段所在地区位于本市××区，渣土外运单价（含渣土处置费）根据××区当前市场价 132.2 元/m^3 计取。

本标段河道引流排管、围堰、清障和打桩平台及地基加固在其他措施费中按 250 万元/项计取，××路开道口按 20 万/项计取，××桥及区间拔桩区域临水、临电按 20 万元/项计取。

本标段××桥老桥桩基拆除按全回转清障处理，将影响盾构区间部分桥梁的桩基清除至区间底标高下 3 m，将影响新建桥梁桩基施工的老桥梁桩基全部清除。

五、拟定上网信息价

参考近期其他线路招投标的中标价水平，结合近期建材市场主要材料价格及其变化趋势，投资监理建议本标段上网信息价为 68 324.19 万元，与工可评审价初稿相比下浮 12.87%。

六、附件

（1）轨道交通工程上网信息价计算表；

（2）轨道交通工程施工招标限价；

（3）轨道交通工程××线××期工程 1 标段上网信息价汇总表；

（4）轨道交通工程××线××期工程 1 标段分部分项工程量清单计价表。

上海正弘建设工程顾问有限公司

上海市轨道交通××线工程投资监理部

20××年××月××日

```
轨道交通××线×期工程土建1标(××站—××站盾构区间、××桥、××站、××站—
××站盾构区间、××站、××站—××站盾构区间)工程
                                       工程报建号:×××××××××
                        最高投标限价
最高投标限价   (小写):638 003 369.54
              (大写):陆亿叁仟捌佰万叁仟叁佰陆拾玖元伍角肆分


招 标 人:  ××地铁建设集团有限公司    工程造价咨询人   上海正弘建设工程顾问有限公司
              (单位盖章)           招标代理机构:        (单位盖章)


法定代表人         ×××           法定代表人         ×××
或其授权人:    (签字或盖章)        或其授权人:    (签字或盖章)


编 制 人:         ×××           复 核 人:         ×××
              (造价人员签字盖专用章)               (造价工程师签字盖专用章)
编制时间:        2021-05-26       复核时间:        2021-05-26
```

图 3.12　轨道交通某工程最高投标限价签署页

表 3.5　轨道交通某工程最高投标限价之措施项目清单汇总

工程名称:轨道交通××线××期工程土建1标(××站—××站盾构区间、××桥、××站、××站—××站盾构区间、××站、××站—××站盾构区间)/××站—××站区间　　标段:C01　　第1页　共1页

序号	项目名称	金额/元
1	整体措施项目(总价措施费)	5 217 162.86
1.1	安全防护、文明施工费	1 370 578.63
1.2	其他措施项目费	3 846 584.23
2	单项措施费(单价措施费)	258 000
	合　计	5 475 162.86

表3.6 轨道交通某工程最高投标限价之规费、税金项目清单计价表

工程名称:轨道交通××线××期工程土建1标(××站—××站盾构区间、××桥、××站、××站—××站盾构区间、××站、××站—××站盾构区间)/××站—××站区间 标段:C01 第1页 共1页

序号	项目名称	计算基础	费率/%	金额/元
1	规费	社会保险费+住房公积金		
1.1	社会保险费	管理人员+施工现场作业人员		
1.1.1	管理人员	单价措施人工费(轨道交通)+专业工程暂估价人工费(轨道交通)	4.56	
1.1.2	施工现场作业人员	单价措施人工费(轨道交通)+专业工程暂估价人工费(轨道交通)	30.05	
1.2	住房公积金	单价措施人工费(轨道交通)+专业工程暂估价人工费(轨道交通)	1.96	
2	增值税	措施项目清单费用+其他项目合计+规费	9	
	合 计			492 764.66

表3.7 轨道交通某工程最高投标限价汇总表

工程名称:轨道交通××线××期工程土建1标(××站—××站盾构区间、××桥、××站、××站—××站盾构区间、××站、××站—××站盾构区间)/××站—××站区间 标段:C01 第1页 共1页

序号	汇总内容	金额/元	其中:材料暂估价/元
1	单体工程分部分项工程费汇总	514 765 052.22	
1.1	××站	197 829 815.85	
1.1.1	主体工程	135 249 510.93	
1.1.2	附属工程	62 580 304.92	
1.2	××站	190 029 807.6	
1.2.1	主体工程	147 321 568.3	
1.2.2	附属工程	42 708 239.3	
1.3	××站—××站区间	126 905 428.77	
1.3.1	××站西端头井后封孔等工程	715 843.81	
1.3.2	××桥	8 142 748.75	
1.3.3	××站—××站盾构区间	33 905 792.15	
1.3.4	××站—××站盾构区间	39 347 879.66	
1.3.5	××站—××站盾构区间	44 793 164.4	

(续表)

序号	汇总内容	金额/元	其中:材料暂估价/元
2	措施项目费	31 862 747.79	
2.1	总价措施项目费	18 963 547.79	
2.1.1	安全文明施工费	9 050 199.17	
2.1.2	其他措施项目费	9 913 348.62	
2.2	单价措施项目费	12 899 200	
3	其他项目费	17 400 000	
4	规费	21 296 392.22	
5	增值税	52 679 177.31	
合计 = 1 + 2 + 3 + 4 + 5(序号对应的金额相加)		638 003 369.54	

表 3.8 轨道交通某工程最高投标限价之分部分项工程量清单与计价表(摘录)

工程名称:轨道交通××线××期工程土建1标(××站—××站盾构区间、××桥、××站、××站—××站盾构区间、××站、××站—××站盾构区间)/××站—××站区间　　标段:C01　　第7页　共34页

序号	项目编码	项目名称	项目特征描述	工程内容	计量单位	工程量	金额/元		备注
							综合单价	合价	
7	080401004001	混凝土顶圈梁(C30)	1. 部位:地下连续墙顶 2. 截面形式、尺寸:800 mm×900 mm 3. 混凝土强度等级:C30	1. 基底处理 2. 混凝土制作、浇筑、振捣、养护 3. 模板(含边模)安装、拆除 4. 运输 5. 其他相关工作内容	m³	485.02	798.89	387 477.63	
8	080202025001	混凝土挡墙(C30)	1. 混凝土强度等级:C30 2. 截面形式、尺寸:详见施工图纸及技术要求	1. 基底处理 2. 混凝土制作、浇筑、振捣、养护 3. 模板(含边模)安装、拆除 4. 运输 5. 其他相关工作内容	m³	150.1	805.06	120 839.51	

序号	项目编码	项目名称	项目特征描述	工程内容	计量单位	工程量	金额/元		备注
							综合单价	合价	
9	081306001001	混凝土支撑(C30)	1. 部位:第一道混凝土支撑 2. 截面形式、尺寸:800 mm×900 mm 3. 混凝土强度等级:C30	1. 基底处理 2. 混凝土制作、浇筑、振捣、养护 3. 模板(含边模)安装、拆除 4. 运输 5. 其他相关工作内容	m³	577.06	793.33	457 799.01	
10	081306001002	混凝土支撑连梁、角撑、系梁、栈桥板(C30)	1. 部位:详见施工图纸及技术要求 2. 截面形式、尺寸:详见施工图纸及技术要求 3. 混凝土强度等级:C30	1. 基底处理 2. 混凝土制作、浇筑、振捣、养护 3. 模板(含边模)安装、拆除 4. 运输 5. 其他相关工作内容	m³	88.46	793.33	70 177.97	
			本页小计					1 036 294.12	

表 3.9　轨道交通某工程最高投标限价之总价措施清单计价表(摘录)

工程名称:轨道交通××线××期工程土建 1 标(××站—××站盾构区间、××桥、××站、××站—××站盾构区间、××站、××站—××站盾构区间)/××站—××站区间　　标段:C01　　第 1 页　共 3 页

序号	编码	名称	计量单位	项目名称	工程内容及包含范围	计算基础	费率/%	金额/元
1		安全文明施工						
	011707001001	环境保护	项	粉尘控制				
	011707001002			噪声控制				
	011707001003			有毒有害气味控制				
	011707001004	文明施工		安全警示标志牌				
	011707001005			现场围挡				
	011707001006			各类图板				

(续表)

序号	编码	名称	计量单位	项目名称	工程内容及包含范围	计算基础	费率/%	金额/元
	011707001007	文明施工		企业标志				
	011707001008			场容场貌				
	011707001009			材料堆放				
	011707001010	临时设施	项	现场防火		514 765 052.22		
	011707001011			垃圾清运				
	011707001012			现场办公设施				
	011707001013			现场宿舍设施				
	011707001014			现场食堂生活设施				
	011707001015			现场厕所、浴室、开水房等设施				
	011707001016			水泥仓库				

表3.10 轨道交通某工程最高投标限价之主要人工、材料、机械及工程设备数量与计价一览表(摘录)

工程名称:轨道交通××线××期工程土建1标(××站—××站盾构区间、××桥、××站、××站—××站盾构区间、××站、××站—××站盾构区间)/××站—××站区间　　标段:C01　　第1页　共1页

序号	项目编码	人工、材料、机械、工程设备名称	规格型号	单位	数量	金额/元	
						单价	合价
1	04292765	钢筋混凝土管片	厚350 mm	m³	32 642.881 3		
2	12210202-1	钢管栏杆		kg	69 967.074 9	5.602	391 955.55
3	33012541	金属支架		kg	70 111.734 6	3.655	256 258.40
4	33418111	盾构基座		t	9.96	4 632.498	46 139.67
5	35020101-1	钢支撑		kg	183 674.25	6.788	1 246 780.83
6	35091312-1	钢质走道板		kg	9 7741.7373	4.169	407 485.31
7	37051901	钢轨枕		kg	91 666.0299	4.974	455 946.84
8	33418151	钢质转向基座		t	3.68	4 632.498	17 047.59
9	35050502	钢围檩		kg	25 724.430 5	6.682	171 890.65

表 3.11 轨道交通某工程最高投标限价之分部分项工程量清单综合单价分析表(摘录)

工程名称:轨道交通××线××站—××站(××站—××站盾构区间,××标,××桥,××站—××站盾构区间,××站,××站—××站盾构区间)/××站—××站区间　　标段:C01　　第 1 页　共 67 页

项目编码	08010400 1008	项目名称		C35P8 地下连续墙(800 mm)锁口管接头				工程数量	16 803.86	计量单位	m³
				清单综合单价组成明细							
定额编号	定额名称	定额单位	数量	单价/元				合价/元			
				人工费	材料费	机械费	管理费和利润	人工费	材料费	机械费	管理费和利润
08-1-3-1	导墙开挖 预拌混凝土(非泵送型)C20 粒径 5~20 mm	m³	0.049	23.7	24.63	5.75	7.25	1.16	1.2	0.28	0.36
08-1-3-3	导墙 钢筋	t	0.002	930.41	4 903.79	182.98	284.8	1.86	9.9	0.37	0.57
08-13-3-27	导墙 模板	m²	0.264	34.17	25.5		10.46	9.02	6.73		2.76
08-1-3-2 换	导墙 混凝土 预拌混凝土(泵送型)C30 粒径 5~20 mm	m³	0.039	185.08	643.16	0.42	56.65	7.22	24.98	0.02	2.21
08-12-2-2	拆除钢筋混凝土导墙	m³	0.039	137.16	6.54	121.36	41.98	5.35	0.25	4.73	1.64
08-1-3-6	履带式液压抓斗挖土成槽 40 m 以内	m³	1.045	67.62	140.49	206.87	20.7	70.66	146.82	216.18	21.63
08-1-3-29	清底置换	段	0.007	1 351.6	475.07	1 475.81	413.72	9.46	3.22	10.33	2.9
08-1-3-30 换	浇筑连续墙混凝土 C35 抗渗等级 P8 预拌水下混凝土(非泵送型)C35 粒径 5~40 mm	m³	0.007	61.87	801.97	17.87	18.94	61.87	801.97	17.87	18.94
08-1-3-20	安拔圆接头管 40 m 以内	段	0.007	2 383.1	574.12	1 351.17	729.47	16.68	3.89	9.46	5.11
市 4-3-1-120	注浆管	t	0.002	594.2	5 413.77		181.88	1.19	8.97		0.36
08-1-3-31	基底注浆	m³	0.026	52.03	523.3	18.85	15.93	1.35	13.65	0.49	0.41
市 4-3-1-120	声测管	t	0.003	594.2	5 413.77		181.88	1.78	17.69		0.55

（3）项目清标分析与合同审核

工程招投标工作结束的一个主要标志就是发承包合同的签署完成。通过招投标找到合适的合作伙伴、通过合同条款规避风险是发承包阶段非常重要的环节。造价咨询人员协助业主方开展清标工作，通过清标发现投标报价中的潜在风险，如投标人采用不平衡报价策略可能给招标人带来的风险等，并且协助业主方在合同谈判中运用合法、有效的手段进行风险规避、风险控制和管理。例如，在某轨道交通工程项目造价咨询工作中，造价咨询人员在某施工合同签约前的审核过程中，就合同款项的支付等提出了审核咨询意见，帮助业主方有效地控制了合同款项支付风险。同时，造价咨询人员还就可能发生的后期合同变更风险等提出了建设性的处理建议。现摘录某轨道交通工程施工合同审核意见。

轨道交通××线××段 2-1 标段
××路—××站—××路站高架区间、××站土建施工合同
审 核 意 见

轨道交通××线××段发展有限公司：

关于轨道交通××线××段工程 2-1 标段（×××路站—××路—××路站高架区间、××站）土建施工合同，我司已审核完毕，报告如下：

一、工程概况

1. 合同名称：轨道交通××线××段工程 2-1 标段（×××路站—××路—××路站高架区间、××站）土建施工合同。

2. 委托工作内容：桥梁区间、车站等。

3. 受托单位名称：××建设集团股份有限公司。

4. 合同金额：16 585.008 7 万元

二、合同资料情况

草拟合同文件 1 份，合同编号：轨 11（南）G—2012—014。

三、合同委托手续

本合同由××地铁集团有限公司、轨道交通××线××段发展有限公司通过公开招标程序确定××建设集团股份有限公司为本合同的中标单位。

四、签订合同依据

1.《中华人民共和国合同法》；

2. 国家、行业和地方有关工程建设的法规、政策、规定等；

3. 国家、行业和地方有关工程建设的技术规范、规程、标准等；

4.《上海市轨道交通工程预算定额》《上海市市政工程预算定额》及有关费率、价格信息；

5. 招标文件、投标文件。

五、审核依据

1. 草拟合同文本。

2. 招标文件、投标文件。

六、费用公式

本项目为固定总价合同。

七、审核情况及需要说明的问题

1. 工程预付款百分比计算：本合同钢材共 8 041.162 t（含 U 形梁钢材），钢材费 = 8 041.162 t × 投标钢材材料平均价 0.385 万元/t = 3 095.847 4 万元，因此，钢材占总造价的百分比为 3 095.847 4 万元/总造价 16 585.008 7 万元 = 18.67%。根据招标文件约定：预付款为本合同总造价的 15%。

2. 每期工程进度款按照经审核批准的验工计价的 85% 支付。

3. 关于预付款的扣除，当支付金额达到合同金额的 50% 时，建议在接下来的验工计价中等比例将预付款扣回。

4. 乙方需按照甲方要求的格式，提供甲方认可的在中国境内注册的信誉良好的银行出具的履约保函。该履约保函是合同正式生效的条件之一。

八、对合同条款及价格的确认

1. 乙方申请工程款时，需按照经项目公司和投资监理统一的验工计价格式及时间节点进行申请，并附上电子文件。

2. 乙方申请工程款前，乙方的工程数量和质量必须得到现场监理和甲方代表的书面认可。

九、合同风险回避

1. 本合同为固定总价合同，有关部门对工程量的确认要严格把关，没有甲方的同意并批准的变更，投资监理将不予认可。对经招标单位同意并批准的重大变更，有关部门要按照合同和招标文件的规定和流程，严格控制好变更数量和新增单价。

2. 在重大变更的前提下，如发生新增单价，按照招标文件有关原则进行处理。

经办人：×××

总监/总监代表：×××

上海正弘建设工程顾问公司

轨道交通××线××段工程投资监理小组

20××年××月××日

4）施工实施阶段的动态投资控制

（1）以工程概算为核心建立投资动态控制表

在轨道交通项目实施过程中，以项目概算目标为核心，建立项目概算执行情况动态控制表，并结合合同、变更、支付等执行情况，每月动态跟踪并反映项目实施情况。

动态投资控表内容包括概算金额、概算调整金额、已签合同金额、变更金额、待签合同金额、目标成本控制值、投资控制金额动态变化（比值、占比）等，详见表3.12，动态数据源于合同台账。工程概算执行情况表由汇总表（总表）、土建专业表、安装专业表、其他费用表、分类汇总表等组成。

表3.12　轨道交通工程概算执行情况动态控制表　　　　　单位：万元

章节	工程及费用名称	批复概算	已签合同	变更		待签合同（未招标）	目标成本控制值	控制值－概算	备注
			合同价	设计已批准	预估变更				
	总投资额	3 033 100	2 070 825	25 030	－73 550	663 980	2 864 920	－238 180	
	第一部分　工程费用	1 391 100	1 011 825	19 750	850	211 980	1 328 020	－63 080	
一	车站工程	615 000	461 250	11 000	0	75 500	586 000	－29 000	
二	区间工程	335 000	251 250	4 700	0	8 000	320 500	－14 500	
三	轨道工程	65 000	43 200	0		21 000	62 000	－3 000	
四	通信工程	26 000	19 500	0		5 500	25 000	－1 000	
五	信号工程	38 000	28 500	0		9 500	36 000	－2 000	
六	供电工程	123 000	92 250	300		28 500	117 320	－5 680	
七	设备监控及集成系统	11 000	8 250	0		2 680	10 500	－500	
八	防灾报警系统	5 500	4 125	0		700	5 200	－300	
九	安检设备及门禁	3 700	2 775	0		900	3 500	－200	
十	通风空调与采暖工程	30 000	22 500	350		6 950	28 900	－1 100	
十一	给排水及消防系统	20 000	15 000	0		4 950	19 000	－1 000	
十二	自动售检票系统	12 900	3 225	0		8 300	12 300	－600	

（续表）

章节	工程及费用名称	批复概算	已签合同 合同价	变更 设计已批准	变更 预估变更	待签合同（未招标）	目标成本控制值	控制值－概算	备注
十三	车站辅助设备	39 000	9 750	0		27 500	38 000	－1 000	
十四	车辆段与综合基地	56 000	42 000	3 400	50	10 500	54 600	－1 400	
十五	人防工程	11 000	8 250	0	800	1 500	9 200	－1 800	
	第二部分 工程建设其他费用	1 175 000	881 250	5 280	－80 000	182 000	1 105 000	－140 000	
十六	工程建设其他费用	1 175 000	881 250	5 280	－80 000	182 000	1 105 000	－70 000	
（一）	建设用地费及建（构）筑物迁建补偿费	980 000	735 000	3 456	－85 000	150 000	925 000	－55 000	
（二）	其他费用	195 000	146 250	1 824	5 000	32 000	180 000	－15 000	
	第三部分 预备费	75 000	41 250	0	5 600	28 000	70 000	－5 000	
十七	基本预备费	75 000	41 250	0	5 600	28 000	70 000	－5 000	
	第四部分 专项费用	392 000	136 500	0	0	242 000	361 900	－30 100	
十八	专项费用	392 000	136 500	0	0	242 000	361 900	－30 100	
（一）	车辆购置费	170 000	59 500	0	0	105 000	160 000	－10 000	
（二）	建设期利息	220 000	77 000	0	0	135 000	200 000	－20 000	
（三）	铺底流动资金	2 000	0	0	0	2 000	1 900	－100	

（2）以合同为抓手建立管理体系

在项目实施管理过程中，必须以合同为抓手，建立和完善各类管理制度与台账体系，从而进行规范、有序的管理。这里以某轨道交通工程管理为例，加以具体说明。

合同管理必须是全方位的，包括设计类合同、勘察检测类合同、工程类合同、机电设备采购合同、监理类合同、咨询类合同、科研类合同、前期工程合同、其他类合同，还包括代建和建设单位管理合同、项目外合同（与项目相关联）等。确保有工作必有合同，有合同才有付款。详见表3.13、表3.14。

表 3.13 轨道交通工程合同汇总表

统计至 20××年××月底止

序号	合同类别	合同情况			备注
		已签订合同数	合同总金额/万元	其中一期合同金额/万元	
	概算内合同总计	832	3 833 722.118 1	3 576 564.080 5	
一	设计类合同(S)	28	46 266.010 3	46 266.010 3	
二	勘察/测量/物探类合同(K)	24	6 783.179 5	6 598.544 4	涉及分拆
三	工程类合同(G)	85	1 393 840.366 3	1 393 249.006 3	渣土未计
四	机电类合同(G)	32	539 891.250 7	539 891.250 7	
五	监理类合同(J)	47	31 010.300 8	31 010.300 8	
六	咨询类合同(Z)	84	20 476.194 9	19 360.729 9	涉及分拆,招标代理
七	科研类合同(KY)	24	1 789.830 1	1 789.830 1	
八	前期合同(Q)	479	1 493 604.207 2	1 496 149.799 7	
九	其他类合同(q)	29	300 060.778 4	42 248.608 4	渣土未计
	代建及其他合同总计	37	2 179 202.303 3	7 941.434 6	
十	代建及建设单位管理合同	32	17 142.967 6	7 882.098 9	
十一	项目外合同	5	2 162 059.335 7	59.335 7	

表 3.14 轨道交通工程合同执行明细汇总表

统计至 20××年××月止

序号	合同类别	截至 20××年年底签订合同数	截至 20××年年底签订合同金额/万元	截至 20××年年底合同支付金额/万元	其中 20××年支付金额(截至 20××年××月)/万元	支付比例/%	备注
一	设计类合同(S)	27	46 306.66	36 697.717 56	228.354	79	
二	勘察/测量/物探类合同(K)	22	6 591.649 51	5 049.832 315	485.739 6	77	
三	工程类合同(G)	119	1 915 019.479	1 502 937.81	179 819.905 4	78	

（续表）

序号	合同类别	截至20××年年底签订合同数	截至20××年年底签订合同金额/万元	截至20××年年底合同支付金额/万元	其中20××年支付金额（截至20××年××月）/万元	支付比例/%	备注
四	监理类合同(J)	46	30 810.15	21 115.716 9	2 051.444	69	
五	咨询类合同(Z)	79	20 294.835 39	14 000.560 52	264.620 679	69	
六	科研类合同(KY)	20	1 495.151 1	1 113.251 114	93.807	74	
七	前期合同(Q)	523	1 478 989.13	1 078 871.248	15 112.080 97	73	
八	其他(q)	21	104 459.744 3	78 899.789 43	5 703.800 095	76	
	总计	857	3 603 966.799	2 738 685.926	203 759.751 8	76	

（3）依据合同约定严格控制工程变更

变更审核表根据总价合同、单价合同、指定或暂定金额、新增单体或独立功能、合同约定材料补差、渣土定向消纳运距补偿、甲招装饰材料价格调整等专项内容分别设定，并且需要反映送审金额和审定金额的对比情况，样表见表3.15。同时还需建立相应的附件表格，如BIM、施工图预算、投资监理三量对比分析、总价合同钢筋变化分析等，样表见表3.16。

表3.15(a) 轨道交通工程合同变更费用审核明细表一（总价合同） 金额：元

序号	分部分项工程或费用名称	计量单位	送审金额			审定金额				审定比送审增减金额	备注
			送审比合同增减数量	送审单价	送审比合同增减金额	审定比合同增减数量	审定套用合同单价	审定补充新增单价	审定比合同增减金额		
	合计										

表 3.15(b) 轨道交通工程合同变更费用审核明细表二(单价合同)

标段及合同名称：   金额:元

序号	分部分项工程或费用名称	计量单位	合同金额			送审金额				审定金额				备注
			合同单价	合同数量	合同合价	送审实施数量	送审比合同增减数量	送审新增单价	送审比合同增减金额	送审最终实施合价	审定实施数量	审定比合同增减数量	审定补充新增单价	审定比合同增减金额	审定最终实施合价	审定比送审增减金额	
合计																

表 3.16(a) 轨道交通工程合同变更事项、变更费用审核附件一
(BIM、施工图预算、投资监理三量对比分析)

标段及合同名称：

序号	分部分项工程名称	计量单位	投资监理数量	施工图预算数量	BIM模型数量	算量偏差1＝B－A	算量偏差2＝C－A	备注

投资监理单位：   施工图预算编制单位：   BIM单位：

表 3.16(b) 轨道交通工程合同变更事项、变更费用审核附件二
(总价合同钢筋变化分析)

标段及合同名称：   (摘录主要钢筋分析,如主筋、分布筋)

序号	单构件名称及配筋编号	招标阶段图纸					实施阶段图纸				
		钢筋规格	布筋间距	混凝土/m³	钢筋/t	含钢量/(t·m⁻³)	钢筋规格	布筋间距	混凝土/m³	钢筋/t	含钢量/(t·m⁻³)

5) 竣工验收阶段的结算与总结

项目进入竣工验收阶段后,造价咨询人员要依据合同约定的要求,在规定时间

内完成项目的竣工结算工作,对项目投资状况进行完整的结算和总结,并及时汇总整理全部依据资料、工作过程文件、咨询成果文件等,在此基础上完成项目造价咨询总结报告,一并提交给业主方归档留存。

项目造价咨询总结报告包括封面、目录和报告正文。报告内容主要反映工程概况、建设工期、投资规模、投资完成、概算执行、工程招投标、合同管理、工程变更、工程结算、相关建议、工作成效等情况,并附相应的投资动态控制表、合同台账等相关资料。全过程造价咨询总结报告样式见图 3.12、图 3.13。

轨道交通××线工程
投资监理总结报告

山弘
工程顾问
CONSTRUCTION
CONSULTING

上海正弘建设工程顾问有限公司
二〇××年××月

图 3.12　某轨道交通工程全过程造价咨询总结报告封面

目 录

第一部分　公司简介及人员配置
　一、公司简介
　二、资格资质
　三、业务范围
　四、工作业绩
　五、企业荣誉

第二部分　工程总体概况
　一、工程概况
　二、建设工期
　三、投资规模
　四、工程的特点与难点
　五、项目审批情况
　六、投资完成情况

第三部分　投资监理主要工作
　一、人员配置
　二、资料管理
　三、概算复核和超概分析
　　1. 概算复核
　　2. 超概分析
　　3. 本工程超概项目归类
　　4. 本工程超概的主要原因
　　5. 动拆迁超概的主要原因
　　6. 贷款利息超概的主要原因

　　7. 调整概算
　四、工程招标及限价编制
　　1. 工程招标情况
　　2. 限价编制
　　3. 踏勘现场照片
　　4. U梁梁场的方案及限价
　五、合同管理
　六、验工计价
　　1. 协助业主制订验工计价流程
　　2. 制订验工计价各种表格
　　3. 验工计价交底
　　4. 计量与支付
　七、变更审核
　八、结算审核
　　1. 协助业主制订竣工结算流程
　　2. 结算审核注意事项
　　3. 结算审核意见书的编制
　　4. 结算审核成果
　九、投资监理相关建议
　十、投资控制重点及工作成效
　　1. 完善投资控制目标体系
　　2. 建立主动控制模式
　　3. 完善动态控制方法

图 3.13　某轨道交通工程全过程造价咨询总结报告目录

根据项目需要，造价咨询人员还需配合完成项目审计、项目绩效评价等后续工作，并总结经验教训、分析指标、积累数据资料。

3.3.3　城市轨道交通工程全过程造价咨询成效分析

对于全过程造价咨询管理，尤其是委托专业机构实施的全过程造价咨询管理，从建设项目、建设单位、咨询机构、咨询行业等各方面来说，全过程造价咨询成效可以归结为以下几个方面。

1. 有利于建设项目的过程化、精细化、动态化管理

（1）建设项目全过程造价咨询，改变了以往只是在项目竣工后进行结算或者在当中某个节点进行检查的做法，它可以从头至尾对建设项目目标设定、目标分解与实施、目标完成结果等进行全过程的乃至全生命周期的、系统性的监督与管控，有利于及时纠偏和修正。

(2) 由专业造价咨询公司实施建设项目全过程造价咨询是"由专业的人做专业的事"。专业造价咨询公司依据委托要求集中组织专业人员开展相关专业工作，还会为大中型项目成立专门的项目部、项目组，可以更好地集中人力、物力、财力。通过全程建立完善的台账、月报、专题报告等手段，并借助计算机、网络信息等方法，实现对项目造价的专业化、精细化管理。

(3) 相对于在某个节点进行审核检查的传统管理方法，全过程造价咨询则完全体现了对项目投资的动态管控。围绕设定的项目概算目标，通过将过程中每个动态时点的投资完成情况与概算进行对比，可以在第一时间发现问题或潜在的投资超概风险，以便于及时采取相应措施，可以更好地把超支风险消灭在萌芽状态，或者把必要的追加投资控制在最经济合理的范围内。

2. 有利于项目建设成本的有效降低

(1) 由于专业造价咨询公司全过程介入投资管控，有效地避免或减少了不必要的项目开支，使项目的建安工程费用和其他工程费用得到了较好的控制和节约。

(2) 通过竞争手段择优选用造价咨询机构，大大减少了建设单位本身的投资控制人员的投入，降低了项目建设单位的管理成本。同时，建设单位的投资控制人员可以有更多的时间、精力制订与完善项目投资控制制度。

3. 有利于造价咨询专业机构能力提升与转型发展

(1) 全过程造价咨询不同于传统的造价咨询，项目的服务周期相对于以往大大延长，例如轨道交通工程等大型、特大型项目，持续时间一般都在5年以上，甚至是8年、10年，这不仅需要造价咨询机构投入更多的人力、物力和财力，而且对人员的专业素质要求越来越高，造价咨询人员不仅要熟练掌握与工程造价相关的知识，还必须了解相关法律法规，懂得项目管理，善于协调沟通。这也迫使咨询机构不断强化专业队伍建设，提升服务能力和水平。

(2) 随着全过程造价咨询业务的不断推广以及服务实践的开展，造价咨询机构从以比较简单的结算审核等单项咨询服务为主，逐步向全方位、全流程的深度咨询服务转变，应从管理理念、组织架构、人员配置等方面做好准备，逐步适应造价咨询市场发展的需要。

4. 有利于建立和完善建设工程专业化分工的市场体系

全过程造价咨询作为全过程工程咨询服务的一个细分专业，在工程建设过程中发挥了不可替代的作用，也逐步形成了自身的特色。在未来的建筑市场上，随着各方面对建设项目全过程造价咨询服务的需求越来越多，业主方对造价咨询机构的能力要求也越来越高，这在客观上也为行业发展树立了新的标杆。造价咨询机构需要通过自身的努力，不断加强专业人才培养和队伍建设，运用 BIM、大数据等新技术提升服务手段，稳固其在建筑市场上的专业地位。

第4章

城市轨道交通工程造价指标编制

在项目前期决策以及项目后期评价过程中,往往会运用到历史项目各种各样的技术指标和经济指标,例如:工程单位造价指标(万元/m^2,万元/km);工程单位消耗量指标(工日/m^2,kg/m^2);项目单位产出量(kW·h/h,kg/m^2);项目综合单价(元/m^3,元/m);等等。这些指标可以为新建项目提供有力的决策参考依据,也可以为项目的经济评价提供充分的考核衡量标准。

4.1 工程造价指标的定义与分类

4.1.1 工程造价指标的定义及作用

1. 工程造价指标的定义

工程造价指标主要反映建设工程每个单位的造价,是对建筑、安装工程各分部分项费用及措施费用组成的分析与汇总,其包含各专业人工费、材料费、机械费、企业管理费、利润、规费、税金等费用的构成。

工程造价指标一般包括价格指标、实物量(或消耗量)指标、总体(或总造价)指标、分项(或单位工程指标、单项工程)指标、单个子目综合单价指标。

2. 工程造价指标的作用

在现实项目中,对工程造价指标的分析整理不仅是一项重要的工作,而且也是十分必要的。

(1)造价指标是项目决策的基础依据之一。

在建设项目决策阶段,无论是立项评审,还是可行性研究评价,此时项目还处于酝酿和研究之中,或者只是初步的方案,往往不能通过具体、细致地计量来确定项目的造价,更多的是借鉴以往的类似工程项目指标或估算、概算指标来进行总体估算。因此,造价指标是确立项目及其初步方案的重要依据,具体如下:①编制投资估算的重要依据;②初步设计概算编制和施工图预算审查的重要依据;③确定招标控制价和投标报价的重要参考依据。

(2) 造价指标是对项目进行经济分析的重要成果。

在建设项目竣工结算与决算完成后,需要对项目的各类数据进行分析总结,对项目进行经济评价,从而整理形成相关技术经济指标,并作为项目数据成果纳入企业数据库,作为未来类似工程的参考数据。同时,造价指标还是编制估算、概算等各类定额的重要基础资料,也是研究同类工程造价变化规律、编制造价指数的重要资料。

(3) 造价指标是衡量建设项目投资目标完成效果的重要指标。

在建设项目实施初期,建设单位依据估算、概算指标等确定项目的目标成本。在整个项目实施过程中,通过对目标成本指标的动态管理与监控,及时发现投资偏差并予以纠正;在项目竣工后,通过项目工程结算与财务决算,将完成指标与目标值进行比对,检查既定目标的完成度。因此,造价指标是项目投资过程中最重要的检验标尺,利用造价指标分析已完成或在建工程,其测算结果是对已完成或在建工程投资状况进行合理性判断的重要依据。造价指标可以反映:①工程造价状况与建设规模适应程度的总体水平;②建安工程费、工程建设其他费等占工程造价的比例;③工程量、造价、建设条件、项目特征等受风险影响的程度。此外,通过同一工程不同阶段的指标对比,或同类工程的对比,可以动态反映造价变动趋势。

(4) 造价指标是投资控制人员的重要参照标准。

投资控制人员在工程预算、工程量清单、最高投标限价编制过程中,或者在工程变更价格确定过程中,通常需要参考和借鉴类似工程、类似项目的实物量(消耗量)指标、综合单价指标等重要信息,作为核定量价的参照物。例如,轨道交通工程中的屏蔽门、建筑工程中的防火门等的综合价格指标。

正是基于上述原因,许多建设单位、咨询机构、行业管理部门都有建立丰富多样的数据库、指标库的迫切需求。

4.1.2 工程造价指标的分类

(1) 从表现形式上划分,工程造价指标可以分为价格指标、实物量指标(或消耗量指标)。

价格指标是指某个特定计量单位所包含的费用金额,包括人工费、材料费、机械费、企业管理费、利润、规费、税金等费用的构成。其表现形式如：建筑工程每平方米造价(元/m²)、道路工程每公里造价(万元/km)、轨道交通工程每公里造价(万元/正线公里)等。

实物量指标是指某个特定计量单位所投入(或耗用)的实物工程量，也称消耗量指标。其表现形式如：每平方米混凝土消耗量(m³/m²)、每平方米人工消耗量(工日/m²)、每平方米机械摊销量(台班/m²)等。

(2) 从指标所涵盖的不同范围上划分，工程造价指标可以分为总体指标(或总造价指标)、费用构成指标(含单位工程指标、单项工程指标、单个子目综合单价指标)。

总体指标是指按某个特定计量单位表述的项目总造价，一般包括形成项目造价的直接费、间接费、规费、利润及税金等全部费用。总体指标反映的是整个项目的单位造价，如某轨道交通工程单位造价(万元/正线公里)、某发电厂工程单位造价[万元/(kW·h)]、某住宅项目单位造价(元/m²)。

费用构成指标又可以细分为以下两类：第一类是按构成项目实体的某个单位工程、单项工程、分部分项工程乃至单个子目进行计量的单位造价，如某住宅工程中单体工程每平方米造价，某建筑工程中土石方工程、基础工程、结构工程、门窗工程、通风空调工程、给排水工程分部分项造价，某建筑外墙保温工程、地下室人防门综合单价等；第二类是构成造价的人工费、材料费、机械费等费用的单位费用及其占比。需要说明的是，本章主要研究的是第一类指标，对第二类指标不作研究。

4.2 城市轨道交通工程造价指标编制方法

4.2.1 城市轨道交通工程造价指标体系划分

为了便于统一城市轨道交通工程造价指标编制规则，根据以往城市轨道交通工程积累的造价咨询经验，结合国家和地方相关标准，围绕轨道交通工程概算分类这个基准，对城市轨道交通工程指标进行了分类与分级，详见表4.1。

表 4.1 轨道交通工程指标分类分级表

一级	二级	三级	四级	五级	六级
车站	车站(地下/高架/地面)	车站主体	车站主体围护与结构(明挖法/盖挖法/暗挖法)	围护结构	按不同方式分类,如地下连续墙、SMW围护桩、排桩、锚索及土钉墙等
				土方、支撑及降水	按土方、支撑、降水等不同内容细分
				内部结构	含钢筋、混凝土、结构防水等
				地基加固	按不同方式分类,如搅拌桩、旋喷桩等
			竖井及横通道	竖井	
				横通道	
		出入口通道及风井	按编号划分的出入口通道及风井、风亭	围护结构	
				土方、支撑及降水	
				内部结构	
				地基加固	按不同方式分类,如搅拌桩、旋喷桩等
				顶管	
		车站及出入口地面建筑	含车站及出入口房屋建筑		
		轨道梁(桥梁)结构	含下部、上部结构等		
		路基工程	含路基土石方及其他附属工程		
		车站建筑装修	公共区装修		
			设备区装修		
			轨行区装修		
			出入口通道装修		
		车站附属设施、局部绿化	站内附属设施		
			局部绿化		

（续表）

一级	二级	三级	四级	五级	六级
车站	车站（地下/高架/地面）	站外附属设施	按人行天桥、地道、进出站道路等站外不同附属设施分列		按人行天桥、地道、进出站道路等分列
		导向标志、路引			
		站前广场			
		其他附属设施			
		施工监测			
区间土建	区间（地下/高架/地面）	明挖段	双线洞（明挖法）		
		盾构段	单圆盾构（盾构法）		
			双圆盾构（盾构法）		
		中间风井			
		疏散平台			
		联络通道			
		盾构区间泵站			
		盾构工作井			
		轨道梁（桥梁）结构			含下部、上部结构等
		路基工程			含路基土石方及其他附属工程
	出入段线	盾构工作井			
		盾构段			
		暗埋段			
		敞开段			
		声屏障			
轨道	正线	铺轨	一般段铺轨		
			中等减震铺轨		
			高等减震铺轨		
			特殊减震铺轨		
		铺道岔	单开道岔		
			特殊道岔		
		铺道床	一般段整体道床		
			中等减震段整体道床		

（续表）

一级	二级	三级	四级	五级	六级
轨道	正线	铺道床	高等减震段整体道床		
			特殊减震段整体道床		
			碎石道床		
	车辆基地	铺轨	一般段铺轨		
			中等减震铺轨		
			高等减震铺轨		
			特殊减震铺轨		
		铺道岔	单开道岔		
			特殊道岔		
		铺道床	一般段整体道床		
			中等减震段整体道床		
			高等减震段整体道床		
			特殊减震段整体道床		
			碎石道床		
	辅助线	铺轨	一般段铺轨		
			中等减震铺轨		
			高等减震铺轨		
			特殊减震铺轨		
		铺道岔	单开道岔		
			特殊道岔		
		铺道床	一般段整体道床		
			中等减震段整体道床		
			高等减震段整体道床		
			特殊减震段整体道床		
			碎石道床		
通信	正线	专用通信系统	传输系统		
			公务电话系统		
			专用电话系统		
			专用无线系统		
			广播系统		
			时间系统		
			技术防范系统		

（续表）

一级	二级	三级	四级	五级	六级
通信	正线	专用通信系统	乘客信息系统		
			信息资源网接入系统		
			列车自动记点系统		
			通信电源及接地系统		
			桥架线槽及其他		
		民用通信系统	传输系统		
			无线覆盖系统		
			电源		
			其他		
		警用通信系统	公安无线系统		
			消防无线系统		
			传输线路		
	控制中心	专用通信系统	传输系统		
			公务电话系统		
			专用电话系统		
			专用无线系统		
			广播系统		
			时间系统		
			技术防范系统		
			乘客信息系统		
			电源及接地系统		
			大屏幕显示系统		
	车辆基地	专用通信系统	传输系统		
			公务电话系统		
			专用电话系统		
			专用无线系统		
			广播系统		
			时间系统		
			技术防范系统		
			信息资源接入网		
			电源及接地系统		
			传输线路、桥架、操作台		

(续表)

一级	二级	三级	四级	五级	六级
信号	正线（含试车线）	地面ATC系统（含控制中心改造）			
		车载ATC系统			
	控制中心				
	车辆基地（含培训、维修合同）				
	既有线路信号改造				
	其他信号设备				
供电	主变电所				
	主变电站电力进线（含进线仓位费）				
	牵引变电所				
	牵引降压混合变电所				
	降压变电所	混合变电所			
	跟随变电所	降压变电所			
	环网电缆工程	跟随变电所			
	接触网工程	接触网	正线	地下	
				地面	
				高架	
				车辆基地	
		接触轨			
	动力照明	车站照明			
		区间照明（含风井）			
	电力监控系统	车站			
		控制中心			
		车辆基地			
	杂散电流防护	正线			
		车辆段			
	接地系统				
	不间断电源系统（UPS）				

(续表)

一级	二级	三级	四级	五级	六级
综合监控	中央监控中心（OCC）				
	车站、车辆段综合监控系统				
防灾报警、环境与设备监控	防灾报警系统（FAS）	车站			
		区间（含风井）			
		控制中心			
		车辆基地			
		其他			
	环境与设备监控系统（BAS）	车站			
		区间（含风井）			
		控制中心			
		车辆基地			
		其他			
安防及门禁	安检设备				
	门禁	车站			
		控制中心集			
		车辆基地			
		主变电所			
通风空调与采暖	车站通风空调				
	区间通风				
给排水与消防	车站给排水与消防系统				
	区间给排水与消防系统	地下区间			
		中间风井			
	气体灭火系统				
自动售检票系统	车站				
	控制中心				
	运营附属设施				
	其他备件仪表				

（续表）

一级	二级	三级	四级	五级	六级
车站辅助设备	自动扶梯与电梯	自动扶梯			
		垂直电梯			
		轮椅升降台			
	屏蔽门及安全门	屏蔽门			
		安全门			
车辆段与综合基地	车辆段	房屋建筑	停车列检库		
			联合检修库		
			内燃机车库		
			洗车库、不落轮镟库		
			车辆段综合楼		
			综合维修工区综合楼		
			设备维修、检修车间综合楼		
			备品库		
			牵引、降压变电所		
			锅炉房		
			信号楼		
			其他		
		工艺设备			
		附属工程	土石方		
			地基处理		
			室外综合管线		
			室外管线		
			场区道路		
			围墙、大门等		
			绿化		
			周边安防		
			其他		
	停车场	（详细同车辆段）			
人防	人防门				
	防淹门				

4.2.2 城市轨道交通工程造价指标编制原则

(1) 参照国家和地方相关造价指标分析标准,结合城市轨道交通工程设计概算的现状,暂将项目划分为 7 级(含项目级),7 级以下按清单或定额分列。

(2) 指标的分析归类原则上对应城市轨道交通工程设计概算的子目分类,清单或定额费用分别拆分对应至概算子目。

(3) 指标编制应当进行必要的说明:①工程总概况,包括车站工程概况、区间工程概况、设备系统概况等;②工程的计价方式、计价依据、造价类型、价格取定日期等;③其他相关说明,详见相关指标表格。

(4) 指标编制建议采用表格形式,相关数据由最低级向最高级逐级汇总生成。

(5) 指标编制原则上以整体工程为基础进行分析整理。如确实不具备相应条件,则以标段工程为基础进行分析整理,并加以说明。

(6) 指标编制原则上以工程结算为依据。如不具备条件,也可以编制"合同价+变更"指标、合同价指标、清单控制价指标等,但需要明确说明。

(7) 为保证指标的真实性、可比性,在编制过程中还应当注意以下几点:①变更签证等费用原则上应按实分拆计入各分项工程,如确实无法详细分拆清楚,则按比例分摊,并予以说明;②措施费用原则上应按比例分摊计入各分部分项工程;③人工、材料调差费用,原则上应分别计入各分部分项工程;④每个车站(含相应出入口)、区间均应独自分析填报;⑤对工程中非正常、不合理费用或其他特殊费用,原则上应当进行数据的清洗和整理,并进行必要的说明。

(8) 用于指标编制的各类原始文件、计算分析过程文件等均应保留完整,以便核查与溯源。

4.2.3 城市轨道交通工程造价指标编制内容

1. 轨道交通工程造价指标的分析说明

由于受自然条件、社会环境、技术水平、设计标准等诸多因素的影响,每个工程项目都有各自不同的特点,因此,在数据分析时,必须对相应情况作出明确的说明,同时还应对原始数据进行必要的"数据清洗",即对不相干的内容进行剥离,对需要分摊的内容进行合理分拆,对相关的内容进行归类和合并。通过一系列的数据清洗整理,才能得到相对合理的、可以引用的数据指标。

2. 轨道交通工程指标编制形式与具体内容

轨道交通工程指标编制采用表格形式,其优点是具有系统性,也便于整理和查阅。主要指标表格包括：①城市轨道交通工程总概况表；②车站土建工程概况表；③区间土建工程概况表；④设备系统概况表；⑤城市轨道交通工程投资汇总表；⑥建安工程分部分项造价指标表；⑦二类费用分部分项工程造价指标表；⑧车站土建工程分部分项指标表；⑨区间土建工程分部分项指标表；⑩车站主要土建工程量指标表；⑪区间主要土建工程量指标表。

4.3 城市轨道交通工程造价指标的影响因素

4.3.1 一般影响因素

1. 政策性与法规性影响

在建设项目尤其是城市轨道交通工程等国有资金投资项目的实施中，概预算的编制必须严格遵循国家和地方主管部门的有关政策、法规和制度，按规定的程序进行。工程费用项目、概预算定额单价和人工、材料、机械台班消耗量等的确定都必须符合相关规定。

在项目前期决策阶段（包括项目立项和可行性研究），在合理确定建设标准、线路和用地规划以及控制融资成本的过程中，政策性与法规性因素是主要的影响因素。

2. 地区性与市场性影响

建设项目存在于不同的地域空间，其价值是人工、材料、机具、资金和技术共同投入的结果，其造价必然受到所在地区空间、时间、自然条件、社会与市场等各类软环境、硬条件的影响。不同的区域和市场条件，如当地物资供应、现场施工、市场价格等建设条件及当地的定额水平，必然会对上述投入条件和工程造价带来不同的影响。以城市轨道交通工程为例，由于城市轨道交通工程为了不影响城市的空间布局，主要以地下交通为主，因此，不同城市的地质条件对其造价的影响不同。

3. 设计标准化及新技术应用的影响

设计规范和标准设计来源于实际工程和科研成果，设计规范是工程设计的强制依据，推广标准设计可加快设计及施工速度，便于工业化生产，达到既经济又优质的目标。因此，不同设计规范和各类新技术的应用，在实现同样功能的条件下往往会较大幅度地影响工程造价。如城市轨道交通工程中无人驾驶技术的推广运用，在提升项目整体技术能力的同时，也在一定程度上影响项目总造价。

4. 工期对工程造价的影响

在建设项目中,建造各类工程的定额工期是以社会必要劳动时间为基础确定的,而工程造价是建设工程价值大小的体现,因此,建设工程工期与其造价存在密不可分的联系。项目建设工期的变化将直接影响投资贷款利息、各参与方的人工工资和管理费用等投入的变化,工期长则投入多,二者成正比。相比于一般建设项目如住宅建筑,城市轨道交通工程往往规模大、建设周期长,且大多数是由各地政府通过贷款投资建设,因此,在工期影响总造价方面表现得尤为明显。

4.3.2 特定影响因素

从城市轨道交通工程本身来说,它还有着区别于其他建设项目的特点,这也决定了影响其造价的一些特定因素。

1. 线路敷设方式对造价的影响

轨道交通线路的敷设方式主要分为地下、高架以及地面三种类型。不同的敷设方式之间的造价差异巨大(地下线路＞高架线路＞地面线路)。根据以往经验,以某个同时兼有地下、高架、地面车站和区间的轨道交通工程为例,高架区间与地下盾构区间的土建工程造价之比约为 0.52∶1,地面区间与地下盾构区间的土建工程造价之比约为 0.22∶1,高架车站与地下车站的土建工程造价之比约为 0.45∶1。由此可见,线路敷设方式势必会对土建工程乃至整个工程的造价产生极其重要的影响。

2. 站间距对造价的影响

从大的构成来看,城市轨道交通工程最主要是由车站和区间构成的,其中,车站工程造价远大于区间工程造价。也就是说,在相同的空间长度内,如果某一条线路设置的车站多,站与站之间的间隔距离短,那么其造价必然提高,反之则降低。为便于直观地理解,下面以上海接近同期批复的某两条轨道交通线路为例加以对比说明(表 4.2)。线路 A,估算总投资 369.56 亿元,全长 28 km,设置车站 16 座;线路 B,估算总投资 420 亿元,全长 28 km,设置车站 22 座。

表 4.2 站间距对轨道交通工程投资影响对比表

项目名称	估算总投资/亿元	全线里程/km	设置车站/座	站间距/km	单位投资/(亿元·km^{-1})
线路 A	369.56	28	16	1.75	13.20
线路 B	420.00	28	22	1.27	15.00

从表4.2可以看出,两条线路建设时间、线路长度基本相同,且具有基本接近的工况条件,但由于设置车站数量不同,二者的站间距存在明显差距,线路B的站间距较线路A缩短了27.43%,从而导致单位投资增加了13.64%。尽管可能有其他一些客观因素,但依然可以看到站间距对工程投资的显著影响。其中最主要的原因是站间距缩短,增加了车站工程,减少了区间工程,而车站工程投资往往在整个城市轨道交通工程建设投资中占有相当大的比例,也因此对工程造价的影响较大。

3. 资源共享程度对造价的影响

现代社会,无论是在生产中还是在生活中,越来越多地提倡资源共享,通过共享实现费用分摊、风险分担和互利共赢。在城市轨道交通工程的建设和运维中也是如此,包括系统内的共享和系统外的共享。

(1) 系统内资源共享。随着城市轨道交通在越来越多的大型城市中普及,许多城市的轨道交通已经形成了网络化,如北京、上海等轨道交通发展相对较早的城市,其城市中心区域往往线路密集,在建设过程中形成了多条线路共享网络控制中心、车辆基地、主变电所等资源的模式。这一方面有利于实现全网络的统一管理协调,保证运营安全,提高列车维修设备设施利用率;另一方面,大大节约了工程建设成本与运维成本,也节约了宝贵的城市土地资源。

(2) 系统外资源共享。由于城市轨道交通项目一般都建设在繁华的大都市,因此也自然而然地与城市建筑设施相互融合,如车站出入口与地面商业建筑融合、车站与综合交通枢纽融合、地下车站与地上空间综合开发融合,这样不仅可以摊薄轨道交通项目的工程建设成本,而且可以更加充分、有效地利用城市空间,从而实现社会成本的综合降低。

未来,随着城市发展与轨道交通干线走向相结合,通过交通引导开发模式(TOD)、"地铁+物业"开发模式(MPD)、站点综合体开发模式(SID)等先进的投资理念和投资方法,一方面可以吸引多方面的投资来适当分摊项目建设费用,降低项目投入,有效控制项目概算内支出;另一方面,通过市场营销、市场开发等手段,还可以实现"借鸡生蛋"的目的,取得"额外的"社会效益和经济效益,可以达到"以丰补歉"的意外效果,实现项目投资的社会效益和经济效益的双丰收。

4. 城市轨道交通工程造价的其他影响因素

1) 车辆选型与车辆编组数量

目前,我国城市轨道交通列车车型主要有A、B、C、D、L型以及特殊型号如

APM 列车、单轨列车、有轨电车等。上海的轨道交通主要有 A 型车和 C 型车两种基本车型。在具体选择车型和编组列车时,需针对特定工程计算能耗与运营费用。根据相关评估发现,同一线路 A 型车的单位运营费用高于 B 型车,但在满足客流要求的情况下,配置 A 型车的行驶里程又低于 B 型车,有利于维修成本的降低。

列车编组则会更多地影响车站土建工程量,例如,采用 6A 编组的车站有效站台长度一般为 138 m,而采用 8A 编组的车站有效站台长度为 186 m,土建工程量存在明显差异。此外,不同的车辆编组还会影响折返线、存车线、洗车线和停车库的长度以及检修设备的配置,这些都与工程造价及运维成本有关。

2)不同线路交叉换乘对造价的影响

在城市轨道交通工程建设中,不同线路交叉换乘会对工程造价产生影响。

首先,两条或两条以上线路交叉,势必存在线路相互穿越、立体交叉的情况,从而增加地下隧道工程的埋深深度,不仅施工技术上提高了难度,而且防护措施增加、挖掘深度增加等多种因素会导致建安工程费用增加。

其次,交叉线路之间还会增加换乘车站,且因为相互穿越,换乘站的深度需加深,从地下一层、二层,变为地下三层、四层、五层等,土石方、地下连续墙等工程量以及相关措施费用大大增加。

最后,对于新老线路的交叉换乘,新建线路需从既有线路车站附近穿越,对于老线路周边已经成型的商圈也会产生一定的影响,如房屋拆迁、管线迁改、交通疏解、绿化补偿等,从而引起工程建设其他费用的增加。

比如上海轨道交通××线××路站,由于与原××线在此交叉换乘,且正处于繁华的商业中心,因此,该车站的地下连续墙埋置深度达到了 70 m 左右,远远超过了之前工程一般 40 多米的埋深,这不仅加大了施工难度,而且也相应增加了工程造价,甚至相关工程定额都需要为此重新进行补充编制。

4.4 城市轨道交通工程造价指标编制与应用

根据本章前述方法,本节对一些城市轨道交通项目进行了指标分解与分析,现选取相关案例与读者分享。

4.4.1 项目特征描述

1. 项目整体特征描述

项目整体特征描述见表4.3。

表4.3 城市轨道交通工程总概况表(S期)

特征名称			特征内容	备注
工程名称			轨道交通××线S期工程	
工程类别			轨道交通	
工程地点			××站(不含)—C站(含)	
开工日期			20××年××月	
竣工日期			20××年××月	
建设总里程(正线公里)			共5.254 km	
车站工程	车站总数		共3站	
	其中	地下非换乘车站	共3站,其中:地下二层3站	
区间工程	区间总里程		共4个区间,区间合计里程5.254正线公里(3个区间段+1个出场线)	
	其中	盾构区间	共4个盾构区间,合计里程5.254正线公里,其中:单圆盾构区间1个,合计1 925单延米;双圆盾构区间3个,合计4.291正线公里	
		联络通道	共6处	
		盾构区间泵站	共4座	
		盾构工作井	共7座	
工程投资	工程总投资		313 422.40万元	
	单位工程投资		59 654.05万元/km	
	其中	建安造价	194 281.31万元	
		建安单位造价	36 977.79万元/km	
计价方式			清单计价	
计价依据			××市轨道交通工程预算定额	
造价类型			结算价	
价格取定日期			20××年××月	

2. 车站土建工程特征描述

以A站为例,其特征描述详见表4.4。

表 4.4 车站土建工程概况表

车站名称:A 站　　施工时间:20××年 3 月—20××年 4 月/装修 20××年 1 月—20××年 12 月
车站类型:■地下车站　　□地面车站　　□高架车站　　□其他(请具体说明)

序号	项目名称		特征内容	备注
1	车站主体建筑情况	全长	294 m	
		净宽	23 m	
		建筑面积	19 645 m²(主体建筑面积 14 666 m²,附属建筑面积 4 979 m²)	
		层数	共 2 层,其中:地下 2 层	
2	结构形式	基础	混凝土筏板基础,埋置深度 17.94～18.96 m(局部 19.71～20.79 m),底板厚度 1 000～1 100 mm	
		下部结构	现浇混凝土箱型框架结构	
3	基础围护形式		800 mm 厚地下连续墙 18 685 m³,800 mm 厚封堵墙 979 m³,埋置深度 34.5～39 m;ϕ850 mm 钻孔灌注桩 1 050 m,桩长 30 m;三重管高压旋喷桩地基加固 2 395 m³;采用钢格构柱、钢支撑、钢筋混凝土梁支撑	
4	车站装修情况		地面 800 mm×800 mm×25 mm 石材,墙面 2.5 mm 厚烤瓷铝板,柱面 1.5 mm 厚搪瓷钢板,铝板+灯具组合天面,出入口钢结构加盖+轻质装饰 PC 板	
5	车站布置形式		地下二层岛式站台车站	
6	车站施工方式		■明挖法　□盖挖法　□暗挖法　□其他(请具体说明)	
7	附属设施	出入口	共 5 座,合计建筑面积 4 979 m²	
		其他	包括风亭 2 座,疏散口 3 座	
8	其他特征	换乘情况	是否换乘(□是　■否)	
9	车站土建工程造价	总造价	27 880.804 3 万元(含车站主体、附属设施等全部建筑工程)	
		其中 车站土建	24 680.481 8 万元(其中:出入口 8 160.705 0 万元)	
		车站装饰	2 991.384 9 万元	
		其他	208.937 7 万元	
10	土建工程单位造价	按站计	27 880.804 3 万元/座,其中:车站主体土建(不含附属设施)16 519.776 7 万元/座	
		按总建筑面积计	1.419 2 万元/m²	
		其中 主体土建	按站计 16 519.776 7 万元/座,按车站主体建筑面积计 1.126 4 万元/m²,按车站长度计 56.189 7 万元/m	
		出入口土建	按站计 8 160.705 0 万元/座,按出入口建筑面积计 1.639 1 万元/m²	

（续表）

序号	项目名称			特征内容	备注
10	土建工程单位造价	其中	车站装饰	按站计2 991.384 9万元/座，按总建筑面积计0.152 3万元/m²	垃圾桶、座椅、客服中心采购，站内导向标识施工，站外指示标志施工等
			出入口装饰	（已合并计入车站装饰中）	
			其他	按站计208.937 7万元/座，按总建筑面积计0.010 6万元/m²	
备 注				本车站采用清单计价、中标价数据	

3. 区间土建工程特征描述

以××站—A站区间为例，其特征描述详见表4.5。

表4.5　区间土建工程概况表

区间名称：××站—A站区间　　　施工时间：20××年3月—20××年4月
车站类型：■盾构法　　□明挖法　　□暗挖法　　□盖挖法　　□其他（请具体说明）

序号	项目名称		特征内容
1	区间情况	区间长度	1 767.898双延米
		区间埋置深度（地下）	16.58～22.16 m，平均深度19.37 m
2	区间布置形式		单圆盾构
3	区间施工方式		■盾构法　□明挖法　□暗挖法　□盖挖法　□其他（请具体说明）
4	其他特征		地下区间盾构（管片）外径6.60 m，管片宽度1.20 m，厚度0.35 m
5	区间工程	联络通道	共2处
		盾构区间泵站	共1座
		盾构工作井	共2座
6	土建工程造价		23 012.871 0万元（含盾构掘进、管片材料及安装、疏散平台等全部费用）
7	单位工程土建造价	按长度计	13.017 1万元/m（区间）
备 注			（其他需要说明的情况）

4. 设备系统特征描述

城市轨道交通工程各大设备系统的特征描述详见表 4.6。

表 4.6 设备系统概况表

序号	名称		特征内容
1	轨道工程		正线双线,轨距 1 435 mm,采用 60 km/m 的钢轨,9 号单开道岔。
2	通信工程	传输系统	传输系统为其他信息系统提供传输通道,本工程采用光纤环网方式,分设于区间两侧的光缆中,对本线各系统传输信息所需的光纤共缆传输,光纤采用单模光纤。本工程全线分别在上、下行区间隧道各敷设 2 根 48 芯单模光缆。本工程传输系统在控制中心、停车场及各车站节点设置光纤数字传输设备,各个节点设备采用隔站相接的方式通过上、下行区间光缆中各 2 芯光纤相连组成两个环网,各传输节点相连构成具有自愈环结构的传输系统。
		公务通信系统	公务电话可以作为专用通信的应急通信手段,主要由公务专用网、市内电话、市内直通电话、乘客求助电话、车站紧急电话、车站端头电话及区间电话等组成。本工程控制中心设 1 台数字程控交换机,交换机容量:近期为 1 500 线,远期为 2 500 线;近期容量模拟用户线不少于 160 线,数字用户线不少于 24 线;远期容量模拟用户线不少于 320 线,数字用户线不少于 48 线;中继线近期为 1 260 数字中继线,远期为 2 310 数字中继线。车站及停车场各设 1 套数字远端模块,模块容量近期为 64 线,远期为 256 线;近期模拟用户线不少于 80 线(含求助、紧急、端头和区间轨旁电话插线孔),数字用户线不少于 8 线;远期模拟用户线不少于 120 线,数字用户线不少于 16 线;中继线近期 30 路并发,远期 60 路并发。各车站的远端模块与控制中心交换机之间以以太网总线方式相连。上、下行线路两侧各设置区间电话机(轨旁电话)插孔,1~3 部并联使用一个号码,设置在区间内的泵房、道岔、柔性触网系统的触网悬锤等以及需要人工操作和巡检的轨旁设施处的附近,通过区间电话电缆接入各车站车控室的数字话机。本工程配置一定数量的便携式话机,数量暂按 12 台考虑。各车站车控室、客服中心(主用)、站长室各设 1 台数字电话机。停车场 DCC 控制室、计划调度室、车间主任室等处设置数字电话机。在控制中心(可录音)、停车场设数字电话机。布线方式:模拟电话终端,采用 4 芯电话线连接至就近电话分线箱,通过大对数电话电缆接入机房配线架。
		专用通信系统	专用通信系统作为突发事件防灾救援和事故紧急处理的指挥通信系统,由调度电话、站间行车电话、站内电话、停车场电话等部分组成,为列车运行、指挥调度、设施维护等相关工作人员之间进行简捷联络提供有效、可靠、迅速的通信方式。
		专用无线系统	本系统通过设置无线基站、直放站、漏泄同轴电缆和天线,将无线信号覆盖至本线各车站、停车场、隧道区间以及控制中心的调度大厅。有关的调度及车站值班人员、各列车和有关移动工作人员分别配置调度台、手持台等无线终端。无线信号在隧道区间及岛式站台采用漏泄同轴电缆进行覆盖,在室内、侧式站台、站厅及车场采用天线进行覆盖。 本系统基站通过本线传输系统及共用信息传输网提供的通道分别与主备交换中心相连,基站与直放站之间通过光纤连接,设备接入控制中心分网管进行统一管理。

（续表）

序号	名称		特征内容
2	通信工程	公安无线通信系统	公安无线通信系统由 TETRA 基站、光纤直放站、备用无线链路设备、天馈系统等组成。在控制中心设置带网络隔离功能的三层以太网交换机。本工程直放站等设备的状态信息通过三层以太网交换机传输至上层网,通过上层网传输至轨道公安分局;基站通过 E1 通道汇聚至轨道公安分局,并通过既有分局与市局的传输通道接入既有市局交换设备进行组网,完成公安无线的地下引入。此外也可采用备用无线链路设备转发方式,通过空中信令,连接至公安地面 350 MHz TETRA 数字集群网指定的主基站,在地下基站有线链路故障时可采用备用无线链路设备通过地面主基站与市局有关公安人员进行通信。
		消防无线通信系统	采用与目前上海市消防指挥系统相同的 350 MHz 专用信道制式,在每个地下车站设置三信道转发基站,采用本地异频转发方式,将地面消防无线信号引入地下,转发台转发 1 组指挥员信道和 2 组战斗员信道。系统采用数模兼容技术,即能与现有的地面消防无线通信系统互联互通,也能通过升级接入将来的消防数字无线通信系统。
		技术防范系统	技术防范系统由视频监控系统、入侵报警系统两部分组成。
		广播系统	广播系统由正线各车站及控制中心广播系统和停车场广播系统两部分组成。车站广播设备由信源、语音处理设备、广播控制盒、控制设备、功放、负载输出控制器、扬声器及音量回授控制器等设备组成。控制中心广播设备由话筒、广播控制盒、控制设备、传输通道等组成。
		乘客信息系统	在各车站的站台、站厅公共区或出入口处设置乘客信息显示设备,乘客通过显示设备能及时了解列车的运行信息、公共信息及安全事项等,同时该系统在列车运行空隙时间可播放天气预报、时事新闻、娱乐节目等内容。
		时间系统	时间系统设备分别安装在各车站、停车场,在各车站及停车场设置时间系统的二级母钟,在各车站及停车场的二级母钟为各车站车控室、设备用房、停车场控制室及办公室子钟等提供标准时间信息。敷设从各车站、停车场的二级母钟至子钟(含至配线架)的全部电源线及控制线,并完成全系统的安装、调试及联调等,组成完整、统一的时间系统。本系统在各车站(段、场)设置二级母钟,各场站、停车场的二级母钟接收来自控制中心一级母钟的标准时间信息。
		通信电源系统	通信电源设备主要包括交流自切配电柜、直流高频开关电源和地线盘等。通信电源及接地系统主要由控制中心通信电源系统、车站通信电源系统、停车场通信电源系统以及接地系统等组成。 通信系统 UPS 供电由动力照明专业按一级负荷提供分别由各站(场)变电所引入的两路独立的 TN-S 制交流电源至通信机房的壁挂式交流配电箱,其中一路为主用,另一路为备用。通信电源系统由该壁挂式交流配电箱引出,接入本系统交流自切配电柜,向需交流直供的设备供电。
		故障集中监视系统	故障集中监视系统包括通信设备的故障集中监视系统和电源系统的集中监视系统两部分,各子系统的设备分布在全线各车站和停车场,控制中心对全线的通信设施进行集中监视管理,对全线通信设备的主要故障及时报警、显示和记录,以期迅速组织力量进行维修,确保通信畅通和功能恢复正常。

(续表)

序号	名称		特征内容
2	通信工程	自动记点系统	自动记点系统作为调度员和车站值班员判断列车位置的辅助手段,列车定位必须根据有关行车规定,由调度员或车站值班员人工确定。自动记点系统包括控制中心子系统、车站子系统及车载子系统。
		信息资源网接入系统	接入系统利用传输系统提供的以太网通道,由综合布线系统和网络交换设备共同构建全线高速信息接入网络,为运营、管理、维修等部门的工作人员提供信息交互平台,是轨道交通信息资源共享、生产管理、办公管理等信息发布的重要传输手段。
		通信附属设施	通信附属设施包括宽带业务、民用通信机房电源及接地系统、便民服务业务。
		缆线、桥架及其他	通信系统中通信各子系统的光缆、电缆、配线架、控制台及线槽、桥架等设备材料分布在全线各车站、停车场、控制中心和区间隧道、停车场出入线等所有工程范围。
3	信号工程		信号工程包括列车控制系统(CBTC)、列车自动监控系统(ATS)、列车自动防护系统(ATP)及联锁系统、列车自动运行系统(ATO)。ATP/ATO系统包括轨旁ATP/ATO设备、车载ATP/ATO设备。轨旁ATP/ATO设备包括室内ATP/ATO设备、欧式编码器、地面欧式有源及无源信标、计轴设备、紧急关闭按钮、发车指示器及其他系统等;车载ATP/ATO设备由车载控制设备、司机显示设备、测速设备、信标天线、编码里程计等组成。数据通信系统(DCS)由设备室内的交换机、轨旁无线接入点、天线、光缆及电缆等组成。ATS系统在控制中心由多个工作站、通信交换机、与其他信号设备的接口设备等组成;ATS系统在车站由车站控制工作站、发车指示器等组成;ATS系统在停车场DCC控制室及派班室各设1个终端。在正线及停车场设置维护支持系统。
4	供电工程		S期工程共设3座地下站,其中降压变电所1座,混合变电所2座,跟随所1座。
5	设备监控及集成系统		EMCS的中央级系统为C/S体系结构的计算机网络系统,主要设备包括冗余设置的运行服务器、历史服务器、维护便携式计算机、隧道风机监控终端、监控工作站、网管/工程师工作站、网络交换机和打印机等。本工程需要对运行服务器、历史服务器进行软硬件替换,并为本工程配置维护便携式计算机,同时对隧道风机监控终端、监控工作站、网管/工程师工作站、网络交换机和打印机进行软件升级。EMCS车站主要设备有监控工作站(由车站SIOS集成设置)、PLC、IBP盘、网络交换机、各种远程I/O模块、通信接口模块、电源转换及配电设备、配线电缆等组成。
6	防灾报警系统		火灾自动报警系统设中央级和车站级二层管理。图形监控工作站设置在调度中心,远程维护终端设置在地下一层OCC机房。车站火灾报警系统由报警主机、图形工作站(集成于SIOS)、各种探测器、手动报警按钮、消火栓启泵按钮、电话主机、电话插孔、消防电话分机、监视和控制模块等现场设备组成。
7	安检设备及门禁		门禁系统采用集中管理、分散控制模式,设中央管理级、车站管理级和现场设备三层网络架构。中央管理级与车站管理级通过通信传输专业提供的信道连接;车站管理级与现场(就地)控制器通过ACS现场总线或以太网方式连接。中央管理级采用C/S结构,设于控制中心,包括中央服务器、授权/监控管理工作站及相关软件系统。中央服务器及机柜设置于EMCS机房内。车站门禁系统包括门禁主控制器、现场(就地)控制器、读卡器、门禁锁具、出门按钮、紧急破玻按钮、密码键盘、电源及网络等设备。车站设置SIOS系统,门禁系统不设独立的监控工作站,车站级门禁系统的控制和管理功能由SIOS工作站实现。

（续表）

序号	名称		特征内容
8	车站一体化操作系统		车站一体化操作系统（SIOS）集成范围包括机电设备监控系统（EMCS）、火灾自动报警系统（FAS）、门禁系统（ACS）、屏蔽门系统（PSD）、自动售检票系统（AFC）、智能照明系统（ILS）、乘客信息系统（PIS），由车站冗余服务器、通信前置器、交换机、工作站及一体化操作平台等构成。SIOS 由 SIOS 系统平台和集成子系统构成。SIOS 系统预留与 CCTV、PA 专业的集成接口。SIOS 采用分层分布式体系架构，上层为车站监控系统网络，下层为专业控制系统网络。其中，车站监控系统网络由数据服务器、通信前置器、网络交换机、值班员工作站等硬件设备和相关软件构成，关键设备均采用冗余方式配置。专业控制系统网络由各集成专业主控制器及其远程监控单元（或探测器/传感器/分控器等现场级测控设备）构成。
9	通风空调与采暖工程		通风空调系统包括隧道通风系统、车站通风空调系统、车辆段及控制中心通风空调系统。隧道通风系统的构成：区间隧道通风系统，站内隧道通风系统。车站通风空调系统的构成：公共区通风空调系统，设备及管理用房通风空调系统，空调水系统及多联机系统。
10	给排水及消防系统	给排水及消防工程	给水及消防系统包括生产、生活给水系统，消火栓系统，自动喷水灭火系统。排水系统包括污水系统、废水系统、雨水系统。
		气体灭火系统	每个气体灭火系统由控制子系统和管网子系统两部分组成。控制子系统由气体灭火控制盘（含中继器）、点式感温探测器、感烟探测器（点式感烟探测器、管路采样式吸烟感烟火灾探测器、线性光束感烟火灾探测器等其中一种或几种组合）、警铃、声光报警器、疏散指示灯（闪灯）、释放指示灯、紧急释放按钮、紧急止喷按钮和手动/自动转换开关等部分组成。管网子系统由气瓶及其组件、机械启动器、电磁阀、高压软管、集流管、安全阀、逆止阀、减压装置、选择阀、压力开关及管道和喷头等部分组成。
11	自动售检票系统（AFC）		AFC 系统包括票务清分系统（CCHS）、线路中央计算机系统（LCC）、车站计算机系统（SC）、车站终端设备（SLE）及车票五层架构组网。本工程 AFC 系统由车站计算机系统（SC）、车站终端设备（SLE）、网络设备、配电设备及运营附属设备等构成。车站终端设备主要包括自动售票机、自动充值机（由公交卡公司提供）、半自动售票机、单程票自动出票装置、自动检票机及便携式检票机等。车站 AFC 用房主要包括车站控制室、AFC 设备室、收款室、AFC 配电间（含 AFC）及客运服务中心。
12	车站辅助设备	屏蔽门	S 期工程共计 3 座地下车站，共 6 侧屏蔽门系统。车站辅助设备设计包括：屏蔽门系统（含门体、门机、电源系统、控制系统等所有产品，包括设备、软件和材料）的设计；屏蔽门门体、接地设计；列车与屏蔽门间隙障碍物探测报警系统及瞭望光带系统的设计；脚踏板与列车之间的防踏空橡胶条设计（原则上要求脚踏板与橡胶条为整体式）。
		自动扶梯及垂直电梯	S 期工程线路共设 3 个车站，其中，地下车站 3 座，高架车站 0 座，最终工程竣工时，整个工程共有自动扶梯 34 台，提升高度为 5.10～10.95 m；垂直电梯 7 台，提升高度为 5.10～10.65 m。

注：描述各系统的主要设备配置情况，包括主要技术指标、数量等。

4.4.2 指标类型

1. 工程总体投资指标

工程总体投资指标反映了工程总投资及单位总投资情况,详见表 4.7。

表 4.7 城市轨道交通工程投资汇总表(S 期)

序号	名称	费用/万元	单位指标/(万元·正线公里$^{-1}$)	占总投资比例/%	备注
1	第一部分 建筑安装工程费用	198 978.893 7	37 871.886 9	62.55	
1.1	车站土建工程	77 347.570 1	14 721.654 0	24.31	
1.2	区间土建工程	55 415.965 9	10 547.386 0	17.42	
1.3	轨道工程	10 224.624 9	1 946.064 9	3.21	
1.4	通信工程	5 126.078 6	975.652 6	1.61	
1.5	信号工程	8 360.995 7	1 591.358 1	2.63	
1.6	供电工程	19 985.489 5	3 803.861 7	6.28	
1.7	设备监控及集成系统	2 390.475 4	454.982 0	0.75	
1.8	防灾报警系统	821.991 0	156.450 5	0.26	
1.9	安检设备及门禁	443.216 3	84.357 9	0.14	
1.10	通风空调与采暖工程	5 450.977 0	1 037.490 9	1.71	
1.11	给排水及消防系统	3 883.266 8	739.106 7	1.22	
1.12	自动售检票系统	2 408.838 4	458.477 0	0.76	
1.13	车站辅助设备	5 517.135 9	1 050.083 0	1.73	
1.14	车辆段与综合基地	0.000 0	0.000 0	0.00	
1.15	人防工程	1 287.348 0	245.022 5	0.40	
1.16	工器具及生产家具购置费	314.920 2	59.939 1	0.10	
2	第二部分 工程建设其他费用	91 569.433 3	17 428.518 0	28.78	
2.1	前期工程费	53 607.565 5	10 203.191 0	16.85	
2.2	其他基本建设费用	20 418.895 4	3 886.352 4	6.42	
2.3	施工准备	17 542.972 4	3 338.974 6	5.51	
3	第三部分 预备费	5 957.719 6	1 133.939 8	1.87	
3.1	基本预备费	5 957.719 6	1 133.939 8	1.87	

（续表）

序号	名称	费用/万元	单位指标/(万元·正线公里$^{-1}$)	占总投资比例/%	备注
3.2	价差预备费	0.000 0	0.000 0	0.00	
4	第四部分 专项费用	21 613.938 0	4 113.806 2	6.79	
4.1	车辆购置费	13 004.564 5	2 475.174 1	4.09	
4.2	建设期贷款利息	8 609.373 5	1 638.632 2	2.71	
4.3	铺底流动资金	0.000 0	0.000 0	0.00	
	合计	318 119.984 6	60 548.150 9	100.00	

注：由于轨道交通××线S期工程在系统设计时与先期建设的工程为同一个系统，并共用控制中心和停车场，所以除车站土建工程、区间土建工程、人防工程、工器具及生产家具购置费外，其他系统工程指标均按两期工程总造价进行折算分摊。

2. 分部分项指标

相对于总投资指标，分部分项指标则较为细化，可分解为建安工程分部分项指标、车站土建工程分部分项指标、区间土建工程分部分项指标。

（1）建安工程分部分项指标，详见表4.8、表4.9。

表4.8 建安工程分部分项造价指标表

序号	项目名称	造价/万元	单位造价		备注
			计算口径	金额/万元	
	第一部分 建筑安装工程费用	198 978.893 7	正线公里	37 871.886 9	
1	车站土建工程	77 347.570 1	正线公里	14 721.654 0	
1.1	地下车站	77 347.570 1	m^2	1.440 3	
2	区间土建工程	55 415.965 9	正线公里	10 547.386 0	
2.1	地下区间（段）	55 415.965 9	延米（双线）	10.547 4	
3	轨道工程	10 224.624 9	正线公里	1 946.064 9	按各期总造价折算
3.1	地下线路	10 224.624 9	正线公里	1 946.064 9	
4	通信工程	5 126.078 6	正线公里	975.652 5	按各期总造价折算
4.1	正线	4 749.759 6	站	1 160.921 7	
4.2	控制中心	148.345 1	座	435.096 6	
4.3	停车场	227.973 9	处	668.648 3	
5	信号工程	8 360.995 7	正线公里	1 591.358 2	按各期总造价折算

（续表）

序号	项目名称	造价/万元	单位造价		备注
			计算口径	金额/万元	
5.1	正线	7 215.502 6	正线公里	1 373.335 1	
5.2	控制中心信号	6.269 2	处	18.387 5	改造（安装+设备）
5.3	停车场	1 139.223 9	处	3 341.350 0	与××线、××线合建
6	供电工程	19 985.489 5	正线公里	3 803.861 7	按各期总造价折算
6.1	主变电所		座	0.000 0	
6.2	主变电站电力进线（含进线仓位费）		进线公里	0.000 0	
6.3	主变电缆通道		进线公里	0.000 0	
6.4	35 kV 开关站		座	0.000 0	
6.5	牵引降压混合变电所	2 385.651 8	座	1 166.187 5	蓄电池应采用知名品牌、性能良好、高质量的磷酸铁锂电池
6.6	降压变电所	2 254.141 5	座	550.950 4	
6.7	跟随所	211.472 8	座	310.125 2	
6.8	环网电缆工程	3 149.852 2	正线公里	599.515 1	
6.9	接触网	2 537.973 2	正线公里	483.055 4	刚性悬挂
6.10	动力照明	5 838.925 9	m^2	947.536 8	
6.11	区间动力照明	2 547.958 6	正线公里	483.200 0	
6.12	杂散电流防护	297.559 3	正线公里	56.634 8	
6.13	电力监控及能耗监测管理系统	80.122 9	站	19.583 4	
6.14	停车场	681.831 3	处	2 000	与××线、××线合建
7	设备监控及集成系统	2 390.475 4	正线公里	454.982 0	按各期总造价折算
7.1	集成系统	441.002 5	站	107.788 5	
7.2	环境与设备监控	1 072.346 5	站	262.099 7	
7.3	风水联动	877.126 4	站	214.384 6	
8	防灾报警系统	821.991 0	正线公里	156.450 5	按各期总造价折算

（续表）

序号	项目名称	造价/万元	单位造价		备注
			计算口径	金额/万元	
8.1	车站	774.228 5	站	189.234 6	火灾报警
8.2	车辆基地	47.762 5	处	140.087 5	
9	安检设备及门禁	443.216 3	正线公里	84.357 9	按各期总造价折算
9.1	门禁	325.659 3	站	79.596 6	
9.2	安检设备	117.557 0	站	28.732 9	
10	通风空调与采暖工程	5 450.977 0	正线公里	1 037.490 9	按各期总造价折算
10.1	车站通风空调	5 369.085 9	m²	871.291 5	
10.2	区间通风（中间风井）	81.891 1	正线公里	16.000 0	
11	给排水及消防系统	3 883.266 8	正线公里	739.106 7	按各期总造价折算
11.1	车站给排水与消防	2 528.471 7	m²	410.318 6	
11.2	区间给排水与消防	675.536 0	正线公里	128.110 0	
11.3	气体灭火系统	679.259 1	站	166.022 5	
12	自动售检票系统	2 408.838 4	正线公里	458.477 1	按各期总造价折算
12.1	车站	2 398.610 0	站	586.261 0	
12.2	控制中心	10.228 4	座	30.000 0	改造费用（控制中心与××线和××线共用）
13	车站辅助设备	5 517.135 9	正线公里	1 050.082 9	按各期总造价折算
13.1	自动扶梯与电梯	3 740.191 0	站	997.272 1	
13.2	屏蔽门	1 776.944 9	站	400.906 6	××线为6节编组车厢，标准站
14	车辆段与综合基地	0.000 0	正线公里	0.000 0	
15	人防	1 287.348 0	正线公里	245.022 5	
15.1	人防门	1 287.348 0	站	429.116 0	3站
15.2	防淹门	0.000 0	扇	0.000 0	
16	工器具及生产家具购置费	314.920 2	正线公里	59.939 1	
16.2	工器具及生产家具购置费	314.920 2	站	104.973 4	3站

表4.9 二类费用分部分项工程造价指标表

序号	项目名称	单位造价		占总造价比例/%	备注
		计算口径	金额/万元		
	第二部分 工程建设其他费用	正线公里	17 429	76.86	
1	施工准备	正线公里	3 339	14.72	
2	前期工程费	正线公里	10 203	45.00	
2.1	征借地及拆迁补偿费	正线公里	4 870	21.48	
2.2	管线搬迁费	正线公里	5 217	23.01	
2.3	排水工程	正线公里			
2.4	河道前期费用	正线公里			
2.5	绿化搬迁及恢复	正线公里	116	0.51	
3	其他基本建设费用	正线公里	3 886	17.14	
3.1	场地准备及建设单位临时设施费	正线公里			
3.2	建设管理费	正线公里	1 696	7.48	
3.3	前期工作费	正线公里	385	1.70	
3.4	研究试验费	正线公里	43	0.19	
3.5	勘察设计费	正线公里	1 277	5.63	
3.6	引进技术和引进设备其他费	正线公里			
3.7	联合试运转费	正线公里	67	0.30	
3.8	工程保险费	正线公里	188	0.83	
3.9	市政公用设施配套费	正线公里			
3.10	生产准备及开办费	正线公里	59	0.26	
3.11	施工图审查费	正线公里	61	0.27	
3.12	信号第三方认证费	正线公里			
3.13	房屋检测费	正线公里			
3.14	财务监理费(施工阶段全过程造价控制费)	正线公里	111	0.49	
	第三部分 预备费	正线公里	1 134	5.00	
1	基本预备费	正线公里	1 134	5.00	
2	价差预备费	正线公里			
	第四部分 专项费用	正线公里	4 114	18.14	

（续表）

序号	项目名称	单位造价		占总造价比例/%	备注
		计算口径	金额/万元		
1	车辆购置费	正线公里	2 475	10.92	
2	建设期贷款利息	正线公里	1 639	7.23	
3	铺底流动资金	正线公里			
	二类费用汇总	正线公里	22 676	100.00	

（2）车站土建工程分部分项指标，详见表4.10—表4.12。

表4.10 A站土建工程分部分项指标表

车站名称：A站　施工时间：20××年3月—20××年4月/装修20××年1月—20××年12月
车站施工方式：■明挖法　□盖挖法　□暗挖法　□其他（请具体说明）

序号	主要分项工程	单位造价指标		占本车站造价比例/%	备注
		单位	数值		
	本车站总造价	元/m²	14 192	100.00	
1	车站主体（明挖法施工）	元/m²	9 851	51.83	按车站主体部分面积计
1.1	土石方及降水工程	元/m²	1 194	6.28	含挖、填、运及基坑降水
1.2	高压旋喷桩地基加固	元/m²	171	0.90	三重管高压旋喷桩
1.3	围护工程	元/m²	4 129	21.72	
1.4	结构工程	元/m²	2 886	15.18	
1.5	结构防水工程	元/m²	100	0.53	含施工缝、诱导缝、顶板防水及70 mm厚细石混凝土面层
1.6	变更	元/m²	1 371	7.21	
2	出入口通道	元/m²	16 391	29.27	按出入口面积计
2.1	土石方及降水工程	元/m²	1 655	2.96	含挖、填、运及基坑降水
2.2	地基加固	元/m²	233	0.42	
2.3	围护工程	元/m²	9 440	16.86	
2.4	结构工程	元/m²	4 805	8.58	
2.5	结构防水工程	元/m²	258	0.46	含施工缝、变形缝、顶板防水及70 mm厚细石混凝土面层
3	措施费及其他	元/m²	1 054	7.42	

(续表)

序号	主要分项工程	单位造价指标 单位	单位造价指标 数值	占本车站造价比例/%	备注
3.1	车站土建措施费	元/m²	373	2.63	
3.2	市渣土应急处置协议	元/m²	559	3.94	
3.3	S期工程环境监测1标	元/m²	59	0.42	
3.4	S期工程轴线复测	元/m²	5	0.03	
3.5	材料检测3标	元/m²	50	0.35	
3.6	S期工程车站预制梯段板供应项目合同	元/m²	8	0.06	
4	车站建筑装饰	元/m²	1 523	10.73	
4.1	公共区	元/m²	902	2.73	1. 地面为800 mm×800 mm×25 mm石材,墙面为2.5 mm厚烤瓷铝板,柱面为1.5 mm厚搪瓷钢板,铝板+灯具组合天面,出入口钢结构加盖+轻质装饰PC板; 2. 出入口装修指标按其对应的建筑面积计算
4.2	设备区	元/m²	934	2.09	
4.3	二次结构砌筑工程	元/m²	69	0.48	
4.4	出入口装修	元/m²	659	1.18	
4.5	出地面建筑及装修	元/座	801 652	2.01	4座出入口+3座风亭
4.6	门窗及其他工程	元/m²	50	0.35	
4.7	二次招标材料调整	元/m²	26	0.18	
4.8	屏蔽门及玻璃钢风管支架(含风管)	元/m²	1 933	1.17	以玻璃钢风管支架投影面积为计算基数
4.9	其他	元/m²	75	0.53	预制轻质装饰板及模制石材供应、深度保洁
5	附属设施及其他	元/站	2 089 377	0.75	
5.1	站内导向标识施工	元/站	590 674	0.21	
5.2	其他附属设施	元/站	1 498 703	0.54	
5.2.1	垃圾桶、座椅采购	元/站	38 002	0.01	
5.2.2	客服中心采购	元/站	118 876	0.04	
5.2.3	站外指示标志施工	元/站	53 010	0.02	
5.2.4	公共艺术3标××站公共艺术设计、制作、安装项目	元/站	1 090 567	0.39	

（续表）

序号	主要分项工程	单位造价指标		占本车站造价比例/%	备注
		单位	数值		
5.2.5	新线开通涉及既有线路导向标志改造工程合同（2标）	元/站	198 248	0.07	

表4.11 B站土建工程分部分项指标表

车站名称：B站　　施工时间：20××年3月—20××年4月/装修20××年1月—20××年12月
车站施工方式：■明挖法　　□盖挖法　　□暗挖法　　□其他（请具体说明）

序号	主要分项工程	单位造价指标		占本车站造价比例/%	备注
		单位	数值		
	本车站总造价	元/m²	18 962	100.00	
1	车站主体（明挖法施工）	元/m²	16 612	77.41	按车站主体部分面积计
1.1	土石方及降水工程	元/m²	2 356	10.98	含挖、填、运及基坑降水
1.2	高压旋喷桩地基加固	元/m²	323	1.50	三重管高压旋喷桩
1.3	围护工程	元/m²	7 691	35.84	
1.3.1	地下连续墙	元/m²	4 702	21.91	800 mm厚地下连续墙，埋置深度为47.5～50 m；含导墙、封堵、钢筋
1.3.3	三轴深层搅拌桩槽壁加固	元/m²	235	1.09	三轴搅拌桩加固
1.3.4	钻孔灌注桩	元/m²	389	1.81	φ800 mm钻孔灌注桩，含钢筋笼
1.3.6	钢混凝土圈梁、支撑及栈桥板	元/m²	890	4.15	含混凝土、钢筋、模板制作及拆除
1.3.7	钢支撑	元/m²	850	3.96	含钢支撑、格构柱、钢支撑预埋件、钢支撑伺服系统等制作安装及拆除
1.3.8	封堵墙拆除	元/m²	124	0.58	
1.3.9	搅拌桩止水帷幕	元/m²	40	0.19	
1.3.10	三轴搅拌桩基坑底部加固	元/m²	371	1.73	
1.3.11	三重管高压水泥旋喷桩槽壁加固	元/m²	34	0.16	
1.3.12	型钢水泥土搅拌墙（SMW工法）	元/m²	56	0.26	含H型钢

（续表）

序号	主要分项工程	单位造价指标 单位	单位造价指标 数值	占本车站造价比例/%	备注
1.4	结构工程	元/m²	4 543	21.17	
1.4.1	混凝土工程	元/m²	4 532	21.12	含各类柱、梁、板、楼梯、垫层、模板、端头井填仓等
1.4.2	钢筋工程	元/m²			含各类柱、梁、板、楼梯等钢筋
1.4.3	其他	元/m²	11	0.05	盾构洞口预埋钢环、结构预留（预埋）件、杂散电流腐蚀防护、综合接地等
1.5	结构防水工程	元/m²	93	0.43	含施工缝、诱导缝、顶板防水及70 mm厚细石混凝土面层
1.6	变更		1 606	7.48	
1.6.1	施工图工程量调整增加	元/m²	1 888	8.80	
1.6.2	××3#风亭增设管廊	元/m²	62	0.29	
1.6.3	××路站主体格构柱增加、2#疏散口围护形式调整	元/m²	28	0.13	
1.6.4	××主体3#坑钢混凝土支撑改钢支撑	元/m²	27	0.13	
1.6.5	其他	元/m²	−399	−1.86	
2	出入口通道（明挖法施工）	元/m²	15 981	9.81	按出入口面积计
2.1	土石方及降水工程	元/m²	2 747	1.69	含挖、填、运及基坑降水
2.2	地基加固	元/m²	586	0.36	
2.2.1	旋喷桩止水桩（坑外）	元/m²	277	0.17	三重管高压旋喷桩
2.2.2	坑底高压旋喷加固	元/m²	309	0.19	三重管高压旋喷桩
2.3	围护工程	元/m²	6 347	3.90	
2.3.1	钻孔灌注桩（立柱桩）	元/m²	2 712	1.67	φ800 mm钻孔灌注桩，含钢筋笼
2.3.2	钢混凝土圈梁/围檩及支撑	元/m²	805	0.49	含混凝土、钢筋、模板制作及拆除、钢混凝土结构拆除
2.3.3	钢筋混凝土结构拆除	元/m²	181	0.11	钢混凝土结构拆除
2.3.4	钢支撑	元/m²	746	0.46	含钢支撑、格构柱、钢支撑预埋件、钢支撑伺服系统等制作安装及拆除

(续表)

序号	主要分项工程	单位造价指标		占本车站造价比例/%	备注
		单位	数值		
2.3.5	φ850@500 三轴搅拌桩止水帷幕	元/m²	539	0.33	
2.3.6	SMW 工法桩	元/m²	731	0.45	
2.3.7	三轴搅拌桩基坑底部加固(坑内)	元/m²	633	0.39	
2.4	结构工程	元/m²	6 057	3.72	
2.4.1	混凝土工程	元/m²	5 999	3.68	含各类柱、梁、板、楼梯、垫层、模板等
2.4.2	其他	元/m²	58	0.04	结构预留(预埋)件、钢套管、集水井盖板、截水沟盖板及检修爬梯等
2.5	结构防水工程	元/m²	244	0.15	含施工缝、变形缝、顶板防水及 70 mm 厚细石混凝土面层
3	风道、风井				风亭设计与出入口合并,故计入出入口内
4	措施费及其他	元/m²	836	4.41	
4.1	车站土建措施费	元/m²	641	3.38	
4.2	市渣土应急处置协议	元/m²	1	0.01	
4.3	市渣土应急处置协议(机场 3# 围场南线)	元/m²	67	0.35	
4.4	S 期工程环境监测 2 标	元/m²	76	0.40	
4.5	S 期工程轴线复测	元/m²	2	0.01	
4.6	材料检测 3 标	元/m²	42	0.22	
4.7	S 期工程车站预制梯段板供应项目合同	元/m²	7	0.04	
5	车站建筑装饰	元/m²	1 544	8.14	
5.1	公共区	元/m²	1 277	2.32	地面为 800 mm × 800 mm × 25 mm 石材,墙面为 2.5 mm 厚烤瓷铝板,柱面为 1.5 mm 厚搪瓷钢板,铝板 + 灯具组合天面,出入口钢结构加盖 + 轻质装饰 PC 板
5.2	设备区	元/m²	1 400	3.42	
5.3	二次结构砌筑工程	元/m²	194	1.02	
5.4	出入口装修	元/m²	545	0.55	

（续表）

序号	主要分项工程	单位造价指标 单位	单位造价指标 数值	占本车站造价比例/%	备注
5.5	出地面建筑及装修	元/座	524 700	1.20	4座出入口+2座风亭+2座消防出入口
5.6	门窗及其他工程	元/m²	63	0.33	
5.7	二次招标材料调整	元/m²	42	0.22	
5.8	屏蔽门及玻璃钢风管支架（含风管）	元/m²	3 839	0.45	
5.9	其他	元/m²	-261	-1.38	预制轻质装饰板及模制石材供应、公共艺术、深度保洁
6	附属设施及其他	元/站	998 809	0.23	
6.1	站内导向标识施工	元/站	590 674	0.13	
6.2	其他附属设施	元/站	408 135	0.09	
6.2.1	垃圾桶、座椅采购	元/站	38 001	0.01	
6.2.2	客服中心采购	元/站	118 877	0.03	
6.2.3	站外指示标志施工	元/站	53 010	0.01	
6.2.4	新线开通涉及既有线路导向标志改造工程合同（2标）	元/站	198 247	0.05	

表4.12　C站土建工程分部分项指标表

车站名称：C站　　施工时间：20××年3月—20××年4月/装修20××年1月—20××年12月
车站施工方式：■明挖法　　□盖挖法　　□暗挖法　　□其他（请具体说明）

序号	主要分项工程	单位造价指标 单位	单位造价指标 数值	占本车站造价比例/%	备注
	本车站总造价	元/m²	19 308	100.00	
1	车站主体（明挖法施工）	元/m²	14 893	58.45	按车站主体部分面积计
1.1	土石方及降水工程	元/m²	2 241	8.79	含挖、填、运及基坑降水
1.2	高压旋喷桩地基加固	元/m²	120	0.47	三重管高压旋喷桩
1.3	围护工程	元/m²	5 575	21.88	
1.3.1	地下连续墙	元/m²	4 339	17.03	800 mm厚地下连续墙，埋置深度为31～33.5 m；含导墙、封堵、钢筋

（续表）

序号	主要分项工程	单位造价指标		占本车站造价比例/%	备注
		单位	数值		
1.3.2	钻孔灌注桩	元/m²	90	0.35	φ800 mm 钻孔灌注桩，含钢筋笼
1.3.3	钢混凝土圈梁、支撑及栈桥板	元/m²	416	1.63	含混凝土、钢筋、模板制作及拆除
1.3.4	钢支撑	元/m²	730	2.87	含钢支撑、格构柱、钢支撑预埋件、钢支撑伺服系统等制作安装及拆除
1.4	结构工程	元/m²	4 834	18.97	
1.4.1	混凝土工程	元/m²	4 806	18.86	含各类柱、梁、板、楼梯、垫层、模板、端头井填仓等
1.4.2	钢筋工程	元/m²			含各类柱、梁、板、楼梯等钢筋
1.4.3	其他	元/m²	28	0.11	盾构洞口预埋钢环、结构预留（预埋）件、杂散电流腐蚀防护、综合接地等
1.5	结构防水工程	元/m²	105	0.41	含施工缝、诱导缝、顶板防水及 70 mm 厚细石混凝土面层
1.6	变更		2 018	7.92	
1.6.1	渣土运距补偿	元/m²	145	0.57	
1.6.2	1#、4# 出入口围护形式调整	元/m²	549	2.15	
1.6.3	其他	元/m²	1 324	5.19	
2	出入口通道（明挖法施工）	元/m²	16 797	21.07	按出入口面积计
2.1	土石方及降水工程	元/m²	3 073	3.85	含挖、填、运及基坑降水
2.2	地基加固	元/m²	357	0.45	
2.2.1	旋喷桩止水桩（坑外）	元/m²	134	0.17	三重管高压旋喷桩
2.2.2	坑底高压旋喷加固	元/m²	223	0.28	三重管高压旋喷桩
2.3	围护工程	元/m²	6 307	7.91	
2.3.1	钻孔灌注桩（立柱桩）	元/m²	2 204	2.76	φ800 mm 钻孔灌注桩，含钢筋笼

（续表）

序号	主要分项工程	单位造价指标		占本车站造价比例/%	备注
		单位	数值		
2.3.2	钢混凝土圈梁/围檩及支撑	元/m²	854	1.07	含混凝土、钢筋、模板制作及拆除、钢混凝土结构拆除
2.3.3	钢筋混凝土结构拆除	元/m²	265	0.33	钢混凝土结构拆除
2.3.4	钢支撑	元/m²	734	0.92	含钢支撑、格构柱、钢支撑预埋件、钢支撑伺服系统等制作安装及拆除
2.3.5	φ850@500 三轴搅拌桩止水帷幕	元/m²	455	0.57	
2.3.6	SMW 工法桩	元/m²	737	0.92	
2.3.7	三轴搅拌桩基坑底部加固(坑内)、重力式挡墙	元/m²	1 058	1.33	
2.4	结构工程	元/m²	6 895	8.65	
2.4.1	混凝土工程	元/m²	6 860	8.60	含各类柱、梁、板、楼梯、垫层、模板等
2.4.2	钢筋工程	元/m²			含各类柱、梁、板、楼梯等钢筋
2.4.3	其他	元/m²	35	0.04	结构预留(预埋)件、钢套管、集水井盖板、截水沟盖板及检修爬梯等
2.5	结构防水工程	元/m²	165	0.21	含施工缝、变形缝、顶板防水及 70 mm 厚细石混凝土面层
3	风道、风井	元/m²			风亭设计与出入口合并,故计入出入口内
4	措施费及其他	元/m²	710	3.68	
4.1	车站土建措施费	元/m²	511	2.65	
4.2	S期工程环境监测 2 标	元/m²	87	0.45	
4.3	S期工程轴线复测	元/m²	8	0.04	
4.4	材料检测 3 标	元/m²	90	0.46	
4.5	S期工程车站预制梯段板供应项目合同	元/m²	14	0.07	
5	车站建筑装饰	元/m²	3 153	16.33	

（续表）

序号	主要分项工程	单位造价指标		占本车站造价比例/%	备注
		单位	数值		
5.1	公共区	元/m²	1 745	4.10	地面为 800 mm×800 mm×25 mm 石材，墙面为 2.5 mm 厚烤瓷铝板，柱面为 1.5 mm 厚搪瓷钢板，铝板+灯具组合天面，出入口钢结构加盖+轻质装饰 PC 板
5.2	设备区	元/m²	958	2.30	
5.3	二次结构砌筑工程	元/m²	212	1.10	
5.4	出入口装修	元/m²	1 561	0.67	
5.5	出地面建筑及装修	元/座	1 235 039	3.51	4 座出入口+2 座风亭
5.6	门窗及其他工程	元/m²	104	0.54	
5.7	二次招标材料调整	元/m²	5	0.02	
5.8	其他	元/m²	791	4.10	预制轻质装饰板及模制石材供应、公共艺术、深度保洁
6	附属设施及其他	元/站	998 809	0.47	
6.1	站内导向标识施工	元/站	590 674	0.28	
6.2	其他附属设施	元/站	408 135	0.19	
6.2.1	垃圾桶、座椅采购	元/站	38 001	0.02	
6.2.2	客服中心采购	元/站	118 877	0.06	
6.2.3	站外指示标志施工	元/站	53 010	0.03	
6.2.4	新线开通涉及既有线路导向标志改造工程合同（2 标）	元/站	198 247	0.09	

（3）区间土建工程分部分项指标，详见表 4.13—表 4.16。

表 4.13　××站—A 站区间土建工程分部分项指标表

区间名称：××站—A 站区间　　施工时间：20××年 3 月—20××年 4 月
施工方式：■盾构法　　□明挖法　　□暗挖法　　□盖挖法　　□其他（请具体说明）

序号	主要分项工程	单位造价指标		占本区间造价比例/%	备注
		计量单位	数值		
1	地下区间（段）	元/双延米	141 772	100.00	盾构法施工（φ6.6 m）
1.1	盾构掘进	元/双延米	97 498	68.77	含盾构进出、掘进、出土外运、注浆、进出洞口加固、管片安装、监测等全部费用

（续表）

序号	主要分项工程	单位造价指标		占本区间造价比例/%	备注
		计量单位	数值		
1.2	管片制安	元/双延米	41 749	29.45	包括管片预制、运输
1.3	疏散平台	元/双延米	2 525	78	包括牵引降压变电所、电力监控系统、接触网系统、干线电缆、杂散电流防护系统、侧向平台施工安装

表 4.14　A 站—B 站区间土建工程分部分项指标表

区间名称：A 站—B 站区间　　　施工时间：20××年 3 月—20××年 4 月
施工方式：■盾构法　□明挖法　□暗挖法　□盖挖法　□其他（请具体说明）

序号	主要分项工程	单位造价指标		占本区间造价比例/%	备注
		单位	数值		
1	地下区间（段）	元/双延米	102 668	100.00	盾构法施工（φ6.6 m）
1.1	盾构掘进	元/双延米	62 875	61.24	含盾构进出、掘进、出土外运、注浆、进出洞口加固、管片安装、监测等全部费用
1.2	管片制安	元/双延米	37 268	36.30	包括管片预制、运输
1.3	疏散平台	元/双延米	2 525	2.46	包括牵引降压变电所、电力监控系统、接触网系统、干线电缆、杂散电流防护系统、侧向平台施工安装

表 4.15　B 站—C 站区土建工程分部分项指标表

区间名称：B 站—C 站区间　　　施工时间：20××年 3 月—20××年 4 月
施工方式：■盾构法　□明挖法　□暗挖法　□盖挖法　□其他（请具体说明）

序号	主要分项工程	单位造价指标		占本区间造价比例/%	备注
		单位	数值		
1	地下区间（段）	元/双延米	103 787	100.00	盾构法施工（φ6.6 m）
1.1	盾构掘进	元/双延米	62 921	60.63	含盾构进出、掘进、出土外运、注浆、进出洞口加固、管片安装、监测等全部费用
1.2	管片制安	元/双延米	38 341	36.94	包括管片预制、运输
1.3	疏散平台	元/双延米	2 525	2.43	包括牵引降压变电所、电力监控系统、接触网系统、干线电缆、杂散电流防护系统、侧向平台施工安装

表4.16 出场线区间土建工程分部分项指标表

区间名称:出场线区间　　施工时间:20××年3月—20××年4月
施工方式:■盾构法　　□明挖法　　□暗挖法　　□盖挖法　　□其他(请具体说明)

序号	主要分项工程	单位造价指标		占本区间造价比例/%	备注
		单位	数值		
1	地下区间(段)	元/单延米	45 862	100.00	盾构法施工(φ6.6 m)
1.1	盾构掘进	元/单延米	27 377	59.69	含盾构进出、掘进、出土外运、注浆、进出洞口加固、管片安装、监测等全部费用
1.2	管片制安	元/单延米	18 485	40.31	包括管片预制、运输

3. 工程量与综合单价指标

实物量与综合单价指标更多地服务于专业造价人员,为其开展造价咨询工作提供参考依据。以下分别以A站和××站—A站区间为例,展示车站主要土建工程量指标和区间主要土建工程量指标,详见表4.17、表4.18。

表4.17 车站主要土建工程量指标表

车站名称:A站　　施工时间:20××年3月—20××年4月
车站施工方式:■明挖法　　□盖挖法　　□暗挖法　　□其他(请具体说明)

序号	主要分项工程	工程量		工程量指标		参考单价指标			备注
		单位	数量	单位	数量	单位	综合单价	含税单价	
1	土石方	m³	269 592	m³/m²	18.38	元/m³	61.89	64.97	含挖、填、运及基坑降水
2	三重管旋喷加固	m³	2 395	m³/m²	0.16	元/m³	984.38	1 046.27	三重管高压旋喷桩
3	地下连续墙	m³	19 665	m³/m²	1.34	元/m³	2 341.69	2 498.07	800 mm厚地下连续墙,埋置深度为34.5～39 m;含导墙、封堵、钢筋
4	三重管旋喷桩地基加固(坑外)	m³	1 223	m³/m²	0.25	元/m³	893.61	949.29	三重管高压旋喷桩
5	SMW工法桩	m³	5 913	m³/m²	1.19	元/m²	413.16	435.52	
6	三轴搅拌桩基坑底部加固(坑内)	m³	11 961	m³/m²	2.40	元/m²	1 297.17	1 271.20	强加固20%,弱加固12%

表 4.18　区间主要土建工程量指标表

区间名称:××站—A站区间　　施工时间:20××年3月—20××年4月
施工方式:■盾构法　□明挖法　□暗挖法　□盖挖法　□其他(请具体说明)

序号	主要分项工程	工程量指标		参考造价指标			备注
		单位	数量	单位	综合单价	含税单价	
1	地下区间（段）	双延米	1 767.898	元/双延米	118 635	130 170.81	盾构法施工(ϕ6.6 m)
1.1	盾构掘进	双延米	1 767.898	元/双延米	80 654	85 896.69	含盾构进出、掘进、出土外运、注浆、进出洞口加固、管片安装、监测、联络通道等全部费用
1.2	管片制安	双延米	1 767.898	元/双延米	35 683	41 748.77	包括管片预制、运输
1.3	疏散平台	双延米	1 767.898	元/双延米	2 298	2 525.34	包括牵引降压变电所、电力监控系统、接触网系统、干线电缆、杂散电流防护系统、侧向平台施工安装

4.4.3　城市轨道交通工程造价指标应用

在城市轨道交通工程造价咨询过程中形成的造价指标具有多方面的现实应用意义,主要体现在以下几个方面:

(1)可作为政府管理部门进行同类工程审批与建设的重要参考。

以上海为例,行业管理部门一直以来缺少城市轨道交通工程的相应造价指标,而造价咨询单位向当地建设主管部门提供的城市轨道交通工程造价指标,正好可以填补这一空白。该指标反映了建安工程总费用及车站、区间、各系统工程的单位造价指标,为项目投资审批提供了依据,体现了一定的社会价值。

(2)通过指标的分析与编制,为建设单位的项目估算提供有力依据。

在上海某轨道交通工程项目前期可行性研究阶段,造价咨询人员利用以往积累的轨道交通工程的结算指标分析数据,并结合现时的造价指标变化情况,对该工程的设计估算指标提出了针对性的投资控制建议,为建设单位和设计单位提供了具体、翔实、可靠的参考依据,详见表 4.19。

表 4.19 某城市轨道交通车站工程造价建议指标

序号	车站名称	车站形式	是否换乘	设计院平均指标/(万元·m^{-2})	投资监理建议指标/(万元·m^{-2})	备注
1	车站1	地下二层岛式	换乘	1.42	1.47	参照A线A站
2	车站2	地下二层岛式	换乘	1.43	1.46	参照A线B站
3	车站3	地下二层岛式	换乘	1.41	1.46	
4	车站4	地下三层岛式		1.42	1.47	参照A线C站
5	车站5	地下三层岛式		1.42	1.55	参照A线D站
6	车站6	地下三层岛式		1.42	1.47	参照A线C站
7	车站7	地下四层岛式	换乘	1.40	1.55	参照A线D站
8	车站8	地下三层岛式	换乘	1.41	1.52	参照A线E站
9	车站9	地下二层一岛一侧		1.41	1.47	参照A线A站
10	车站10	地下三层岛式		1.41	1.47	参照A线C站
11	车站11	地下四层岛式	换乘	1.43	1.60	参照B线
12	车站12	地下三层岛式	换乘	1.42	1.52	参照A线E站
13	车站13	地下三层岛式	换乘	1.40	1.52	
14	车站14	地下二层岛式		1.42	1.46	参照A线B站
15	车站15	地下三层岛式	换乘	1.41	1.52	参照A线E站
16	车站16	地下三层岛式		1.41	1.47	参照A线C站
17	车站17	地下二层岛式		1.42	1.46	参照A线B站
18	车站18	地下三层岛式	换乘	1.41	1.47	参照A线C站
19	车站19	地下三层岛式	换乘	1.41	1.47	参照A线C站
20	车站20	地下二层岛式		1.42	1.40	参照A线B站,系数0.95
21	车站21	地下二层岛式		1.42	1.40	
22	车站22	地下二层岛式		1.42	1.40	
23	车站23	地下二层岛式		1.40	1.40	
24	车站24	地下二层岛式		1.42	1.40	
25	车站25	地下二层岛式		1.43	1.40	
26	车站26	地下二层岛式		1.40	1.40	

（3）利用工程量与综合单价指标,为造价人员的投资控制工作提供重要的价格参考依据。

在诸多城市轨道交通工程项目的工程量清单与招标控制价的编制、工程变更价格的确定、工程结算价格的确定过程中,造价人员遇到最多的问题就是一些主要分部分项工程综合单价的确定,如土石方、三重管旋喷加固、地下连续墙、SMW 工法桩等重要分项工程的每平方米消耗量、综合单价的编制和确定(表 4.20)。通过收集、整理形成的工程项目结算造价指标,适时地为造价人员提供了最有说服力的、最值得信赖的参考依据和同类数据支撑。造价人员通过对比工况等相关因素,去伪存真,找到了相似的参考指标,很好地解决了诸多棘手的问题,让投资控制工作进展更加顺利。

表 4.20 某城市轨道交通车站工程主要工程量与综合单价指标表

序号	分项工程名称	工程量指标/($m^3 \cdot m^{-2}$)			综合单价指标/(元·m^{-2})		
		指标 1	指标 2	指标 3	指标 1	指标 2	指标 3
1	土石方	18.38	20.26	21.34	61.89	74.60	72.19
2	三重管旋喷加固	0.16	0.28	0.74	984.38	358.55	358.55
3	三重管旋喷桩地基加固(坑外)	0.25	0.79	1.29	893.61	507.29	507.29
4	三轴搅拌桩基坑底部加固(坑内)	2.40	2.58	1.55	297.17	306.94	306.70
5	地下连续墙	1.34	1.37	1.71	2 341.69	2 193.39	1 906.73
6	SMW 工法桩	1.19	1.36	1.45	413.16	572.88	532.71

随着我国在建设工程定额计价体系方面改革的深入,工程预算定额正在被逐步弱化和取消,在未来的工程计价过程中,源自工程实施过程中积累的各类造价指标在工程计价体系中的重要作用和意义将会变得越来越明显。这方面在房地产建筑工程中已经得到了充分的验证,许多大型房地产企业就是靠造价指标完成了目标成本和模拟清单的编制,摆脱了传统定额的束缚,实现了比较充分的市场竞争模式,这种做法值得在轨道交通建设工程中借鉴与推广。

第 5 章

城市轨道交通工程造价管理中的大数据及 BIM 技术应用

5.1 大数据在造价管理中的应用及其探索

5.1.1 造价管理大数据概念

大数据不仅指数据扩充库容量大，还包括以下特点：一是数据量大，二是数据来源及种类杂乱繁多，三是通过函数进行数据分析。大数据由数据采集、数据分类、数据分析三个步骤得到数据结论。

造价数据需通过设计数据分类采集方法对涉及的各类造价数据在工程不同阶段、不同时间进行采集，同时需要剔除部分与库容数据或本批次数据存在较大偏差的数据，从而保证入库数据以及库内数据的质量。

数据分类是指将采集的数据分类归到库中对应的分类标准中，如工程地质、工程类别、工程时间、造价数据阶段（决策、设计、招投标、施工、竣工、运维等阶段）、材料、BIM 构件类别等。

数据分析主要是指对入库数据与库容数据进行比对分析，根据数据的偏离值，对入库数据进行评分，作为后续数据应用或剔除库容的依据。

目前，传统造价管理中运用指标数据进行分析较为单一化，影响造价的因素包括项目设计方案比选、地质条件、材料价格市场趋势、市场供需关系等，现有的指标数据都存在单一化差异分析的问题。国内工程造价数据积累的体量庞大，但没有进行有效的数字化归类和利用，大部分数据仍然是作存档处理。企业数字化转型要利用信息化手段对造价数据进行有效的数字化升级和管理应用。

5.1.2 大数据在造价管理中的应用

目前国内建立的数据库部分是做冗余数据库,是相对静态的一个指标库,包括数据标准设定及工程量清单编码分类等。

目前国内的数据基础部分停留在工程数据的静态积累阶段。当数据分析在专业强度和信息录入方面不够全面时,将存储的数据应用于项目上的风险较大。对于工程来说,没有完全相同的工程,所以,数据在人为理解上的分歧就导致了数据反映在投资、成本上的差异。

通过建立动态造价指标数据库,并在实际造价管理中进行运用,可随时调用符合市场经济的造价指标数据进行快速的投资估算。相比于传统的定额计价或基于静态指标的投资估算及概算,动态指标更贴近市场价格。

5.1.3 造价管理大数据的探索

1. 基于模糊数学架构构建城市轨道交通工程造价动态数据库

城市轨道交通工程涵盖专业多且复杂,拆分的构件数量将是百万级别的海量数据。将构件录入数据库,但数据可能存在偏差、理论差异或地质差异,如何判断新入库的数据是否与库中数据存在矛盾,可通过模糊数学的数据模型进行数据分析,判断新入库的数据是否准确,或库中已有数据的偏离度是否在可控范围内。

城市轨道交通工程的一个区间单位工程中的清单综合单价会因为路线跨度大而导致最终清单综合单价存在偏差,需要不断地更新指标库,同时保证库中数据的时效性,能够反映市场经济水平。

运用模糊数学的原理,在评判各工程特征值对造价指标影响大小的基础上,计算各个项目在某一特征上的隶属度,以得到各个样本的相似度。当要在某类项目的样本数量超过设定个数的数据库中入库新样本时,计算纳入新样本后各个样本在相似度上的偏差,出库原有数据库中偏差最大的项目,从而实现数据库的动态更新。同时,在进行拟建项目的造价指标计算时,也能在动态造价指标数据库中选择与拟建项目相似度最大的几个项目的造价指标,按估算公式估算,从而剔除相似度不高的项目的影响,提高估算的准确性,力求实现拟建项目的造价指标和限额指标的确定方式从人为估计向科学计算转变。

1) 动态工程造价指标数据库的内涵

现行的造价指标数据库已经积累了大量的项目,包括这些项目的工程特征、造价指标、消耗量指标等静态造价数据。项目工程特征的差异将直接导致单位造价和单位消耗量的差异。项目特征通常有三种类型：①数字型特征（编码体系、计量单位）；②文字型特征（项目特征描述）；③逻辑型特征（工序）。这些特征与造价和工程消耗量之间，如果不建立数学模型，在数据应用阶段将耗费大量时间分析比对数据质量，通过建立数学模型，将数据库与市场价保持一定偏差率，类似于交易型开放式指数基金追逐市场行情并保持一定偏差且偏差率保持在一个较为稳定的水平，动态工程造价指标数据库也是通过数学模型实现与市场一起变化，这需要动态数据的种类和数量都保持在一个比较高饱和的状态。动态造价指标数据库应满足完整性、层次性、实时性、数字性要求。

（1）动态造价指标数据库的完整性。一个工程项目指标应包含完成该工程项目的各单项工程的全部工程费用，每个单项工程造价数据应包含每个单位工程的造价数据，且全部数据的来源一定要真实可靠，否则会影响指标的准确性。

（2）动态工程造价指标数据库的层次性。动态工程造价指标数据库至少应包含以下五个层级。一级指标是基于项目分类的造价指标，主要用于投资估算阶段拟建项目的总投资估算；二级指标是基于工程项目包含的各单项工程的造价指标，主要用于已有包含各单项工程特征的方案设计时，对方案中各单项工程的造价进行估算后计算项目的工程造价；三级指标是基于各单项工程所包含的各单位工程的造价指标，主要用于已有包含各单项工程的各单位工程特征的初步设计时，对各单项工程的各单位工程的造价进行估算后计算单项工程或项目的工程造价；四级指标是基于工程项目各分部分项清单包含的清单造价指标，包括清单项目编码、名称、特征、工作内容，用于指导咨询单位实际进行工程量清单综合单价编制、控制工程造价使用；五级指标是指清单综合单价的构成（人工费、材料费、机械使用费、管理费、利润、规费、税金），可从单价的基本构成去做造价的精细化管理与分析。有了详细的各级指标，就可以组合成任意的满足使用要求的综合指标，从而提高指标的可用性。

为体现各个建设项目、各单项工程、单位工程、分部分项工程之间的共性和特性，需要在各层级造价数据中分别进行特征描述，各层次的特征描述是今后检索识别、对比分析、数学模型计算的重要变量。其中特征描述尤为重要，特征描述需要字段化，而不是一段文本，否则很难在数据库中精确匹配到最接近的数据源。

（3）动态造价指标数据库的实时性。不同时期的人工、材料、机械的价格以及其他相关费用会随着市场变化而变化。在估算拟建工程的造价指标时，所选用的样本工程若要与拟建工程同步估算，就要求样本造价指标根据时间、地点的变化作相应的调整，从而提高估算造价的正确性。

(4) 动态造价指标数据库的数字性。与传统造价指标数据库的重要区别是：动态造价指标数据库在增加工程时，不但要输入该工程的特征，同时要将 BIM 模型构件以及构件携带的生命周期的数据录入数据库，计算不同特征的数字化相似关系，将相似度更高的典型工程入库。根据拟建项目的特性，从数据库中过滤出相似度相符的数据构成数据应用，实现造价指标数据库的动态自我优化，从而不断提高投资估算的精度。

2) 动态造价指标数据库的模型构建

造价指标数据库的动态化处理及构建主要包括特征元素造价影响度评判、特征元素隶属度计算、样本相似度计算、造价指标计算等四个环节。

根据模糊数学的原理，将其变为可计算的数字，从而建立不同特征取值，以构建动态估算造价指标的数学模型。随着数据库样本的逐渐增加，有必要对各类型项目库中相似度不高的样本进行探索，未来如果能利用一定的方法进行自动归纳，实现造价指标估算 AI 化，将能更好地提高造价指标估算的正确性，为工程总承包模式下确定工程造价控制目标和限额设计提供有力的技术支撑。

2. 基于数据库的工程造价估算探索

通过模糊数学的基本原理建立数据库的底层架构，通过 AI（类似于利用 ChatGPT 协助完成数据的整合）对数据进行处理，减少人为的学习、使用成本。

在系统数据分析过程中，数据分析是整个造价数据管理及应用的关键。分析已有数据，可以将数据分为历史数据、现行数据、可用数据。通过对历史造价数据进行分析测算，得出该数据的历史价格走势，形成造价指标指数，生成造价指标走势图。综合单价的构成主要是人工、材料、机械设备，其价格属性来自市场反馈，具有周期性，有上行、下行、平行的变化，在周期内进行小范围的波动，由此可以预测指标在近期的波动幅度。传统的数据采集模式需要专业人士进行收集和分析，通过 BIM 可视化技术，将数据分解到 BIM 构件中，能够让专业工程造价人员直观地将历史数据、现行数据、编制数据在构件层面进行比较分析，得出客观的结论。诚然，前期项目估算阶段一般没有拟建 BIM 模型的条件，无法实现构件级可视化数据应用，因此，不排除依据数据表形式进行前期目标成本分析，并据此指导限额设计。

目前，国内部分省、自治区、直辖市定额采用的工艺及材料与现阶段工程技术及材料的快速发展不完全匹配，对工艺需要的材料、机械设备未进行重新测定，导致通过定额组价的清单综合单价与市场偏差较大。比如最常见的土石方工程，目前国内市场上的土石方施工机械效率和机械种类与定额差异较大，通过定额编制的土石方清单综合单价远高于市场价。这类偏差目前从财政投资的政府项目看，很多经济开发区或财政局都颁布了区域性的土石方指导价，此类土石方指导价更贴近市场价，且基本也是通过大量的项目投标价和实际成本的调查确定。

计价定额指一段时间内的社会平均水平。当前，社会机械化、智能化施工技术进步较快，特别是机械效率的进步以及材料学的进步，虽然能够通过材料调差对定额基价进行调整，但定额基价的人工、材料、机械设备消耗量的测定基本是定值，定额长久不更新以及消耗量长久不重新界定，定额已经慢慢脱离了市场宏观经济，而转为一种解决争议的路径。在正式跨入没有定额的市场经济模式之前，在定额与市场之间，对于数据来说也可以建立一个相对贴近市场的数据库，通过对人工、材料、机械设备消耗量的数据积累来获得市场价。但此工作的测定对于咨询单位来讲基本不行，只能通过施工企业来完成。对于咨询单位，还是需要对既往项目单价、BIM 模型数据库进行收集。通过一定库存的数据分析出来的清单综合单价可使投资更趋于合理性。

数据库的建设从造价管理的角度出发，其目标是功能最大化、管理精细化、投资最优化。建立数据库的初步阶段可按照建筑安装工程费用、工程建设其他费用、预备费、专项费用搭建数据模型的顶层架构，然后对各类一级开项费用进行拆分，在 BIM 模型库容不断增加的同时，将一级开项费用不断拆分至与 BIM 构件精度贴近。在费用与构件尽量保持一致的情况下，同时对施工管理不产生隔离。通过构件去管理造价，这是基于精细化造价管理的逻辑出发，进一步提高造价管理的精度。基于数据库的城市轨道交通工程造价数据具有重要意义及广阔的应用前景：通过云存储降低企业数据存储和员工管理成本；通过数据库的搭建，将企业数字化升级落地；通过人工智能的协助，将造价管理的精度与质量进一步提高，减少人为错误的同时使造价数据更贴近市场化水平。

5.2　BIM 技术在造价管理中的应用及其探索

5.2.1　BIM 概念

国际 BIM 联盟（Building SMART International）认为 BIM 代表以下三个不同但相互联系的功能。

(1) 建筑信息模型化(Building Information Modeling)，指生成建筑信息并将其应用于建筑的设计、施工以及运营等全生命周期的商业过程，它允许相关方借助不同技术平台的互操作性，同时访问相同的信息。

(2) 建筑信息模型(Building Information Model)，指设施的物理和功能特性的数字化表达，可以用作设施的相关参与方共享的信息源，成为包括策划等在内的设施全生命周期的可靠决策基础。

(3) 建筑信息管理(Building Information Management)，指利用数字模型中的信息对商业过程进行组织和控制，目的是提高资产全生命周期信息共享的效果。它是建筑业各级、各部门对生产经营活动进行分析、研究和决策的科学手段。

BIM 的创建、使用和管理过程，即模型的应用，对应上述"建筑信息模型化"和"建筑信息管理"。

5.2.2 现阶段 BIM 技术在造价管理中的应用

在传统造价管理模式下，难以实现数据共享，在工业化 4.0 的背景下，数字化经济以及数字化企业更加强调对数据的积累以及转化运用。目前大部分工程项目不同阶段是由不同造价咨询单位的专业人员进行造价编制，无法将项目全生命周期的整体经济数据进行整合。通过 BIM 构件的精度细化延伸，可以利用 BIM 技术对前期项目方案设计阶段的方案从全生命周期角度分析投资情况，并优化设计，然后再进入施工图设计和深化设计，甚至未来通过正向建模设计的方式，同步自动形成基于 BIM 的成本数据，与目标成本对比，更好地实现造价管理的事前控制。在施工过程的造价管理中，通过反向查找单构件超出原标准的原因，同样能够实现减少投资的作用。从工可到运维实现全生命周期的数据分享，让各阶段的数据细化到构件上，从而通过事前—事中—事后的造价数据分析及管理，合理地降低投资。

在传统造价管理模式下，造价管理尚未形成协调一致的造价管控体系。建设单位在投资决策阶段缺乏理论数据模型支撑，设计单位在设计阶段缺乏造价控制管理指标，监理单位对于造价控制管理落实力度不够，施工单位只重视成本，过程控制咨询单位在施工阶段的造价控制，无法将造价控制目标延续到决策阶段、设计阶段，只能在前序单位定好的造价控制目标上进行被动控制，无法进行事前及事中的控制，失去了对造价控制的主动性，不能及时了解造价信息就无法对已有的偏差进行论证，最终导致工程项目造价控制管理效果差，总体造价增加。从实践经验来看，现阶段可能还做不到所有造价管理项全部 BIM 化、构件化，但部分管理数据可以通过 BIM 协同管理平台,将各参建单位的数据进行集中管理,将造价数据与工程质量、进度等进行绑定,从而实现部分构件的工程造价精细化管理。BIM 技术中的 BIM 协同管理平台作为类似于数据开源的平台管理类软件,将构件全生命周期内各参建单位对其赋予的数据进行开源留存。咨询单位留存的数据不再是单一的造价数据,而是一个构件从设计到施工完成的完整周期的数据,其有助于咨询单位做投资控制的敏感分析或盈亏平衡分析,为下一个类似项目的投资控制提供有效的数据支撑。从施工单位的角度看,基于 BIM 技术的构件管理,已经可以实现一定程度的降本增效。

在传统造价管理模式下,全生命周期各阶段都存在不同程度的割裂,不能形成完整体系的延续。在造价管理过程中,往往是被动控制作为造价管理的主旋律,在最终结算中才会发现超概。通过 BIM 技术实现数字化、精细化的造价管理的必要性被越来越多的造价咨询企业所认可。全过程造价强调全生命周期各阶段精细化的工程造价管理,使得投资控制与风险控制具有前瞻性、预判性,围绕以 BIM 技术为核心发展数字化造价精细化管理模式将成为造价咨询企业主要的发展方向。BIM 协同管理平台提供了精细化造价管理条件,将全生命周期各参建执行单位整合在一个平台进行协同工作,可以有效解决造价管理的阶段性以及孤岛性的问题。BIM 技术将主动控制作为主导协同被动控制进行造价管理,实现项目投资效益的最大化。

在传统造价管理模式下,几乎所有的投资控制都是被动式的,当发现超出投资规模后再反向去寻找设计、施工存在的问题。工程最容易使投资增加的就是设计变更,而设计变更往往在施工过程中才被发现,造价管理也会因为设计变更而变得被动,设计变更在造价管理中只能是优化,而不是直接减少,对投资来讲只是增加的多少,不利于建设单位合理控制投资。目前在造价管理中可以通过 BIM 三维建模在投资决策、设计阶段起到减少投资、控制投资的作用,通过 BIM 三维建模、碰撞检测解决一系列在以前投资决策、设计阶段无法处理的机电管线碰撞问题,对项目的投资优化、工期管理有所助益。基于 BIM 模型构件级清单属性,可在出现设计变更时,同步通过模型形体变化产生造价变化,形成价格分析对比,辅助变更决策。全过程投资控制可以根据项目的特点和需求,优化工作,通过过程设计预判可能存在的问题和可以采取的投资控制有效措施。

在传统造价管理模式下,验工计价以及支付管理需要专业造价人员每期进行量、价复核,效率较低且精确程度无法得到完全的保证,借助 BIM 模型和嵌入式的 AI 软件,将专业造价人员的想法转化为 AI 去完成从思想到数据的转换,快速获取符合人为、规范要求的工程量,并为进度款支付、工程变更、工程签证单、结算提供符合要求的工程量支撑。在项目的实际造价管理过程中,可以通过 BIM 技术完成符合规范要求的工程量输出,其克服了传统造价管理中计量的繁琐和不确定性。目前基于 Revit、Bently 的国外软件,由于底层构件扣减关系、清单计算规则存在一定差异,BIM 计算的工程量还不能完全达到清单计量误差的要求。但即使未来国内清单架构仍存在差异,也完全可以通过开源的 BIM 对 AI 高强度训练既往工程数据,实现自我升级完善。目前 BIM 模型可以作为辅助数据进行验工计价等造价管理工作,行业中已有如晨曦、比目云这种基于 BIM 模型算量的第三方插件,可选择国内清单和额定计算规则进行算量,效果和广联达一样。

在传统造价管理模式下,竣工结算的时间会比较长,特别是轨道交通这类投资大、工期长的工程,往往一条线路的结算时间长达几年,其原因是多方面的。以资料的时效性为例,往往工程做到最后,前期的资料就已经丢失或者因为各参建单位的专业人员的离职而消失,并且在竣工结算时,资料往往无法一一对应。专业造价人员在计量过程中,查阅的资料包括合同、质量文件等,穿插的资料较多,竣工资料虽然归档管理,但是效率极低,无法与计量构件进行有效的匹配。现通过 BIM 协同管理平台,将各构件从生产厂家到进场加工安装完成的所有信息由各参建单位在施工过程中随着施工进度录入平台,生成构件唯一的数据,在竣工结算时专业造价人员一目了然,从而保证了资料的完整性。BIM 协同管理平台也能够使部分合同内容实现过程结算,可将项目计量结算融入协同平台在线发起,要求报审单位提交相关资料,系统自动判断是否齐全,不齐全则无法发起,从而保障资料的完整性和自动化采集。

5.2.3 现阶段 BIM 协同管理平台造价精细化管理模式

目前 BIM 分为两大技术路径发展,第一类为 BIM 建模软件的应用,第二类为 BIM 协同管理平台的应用。

目前国内 BIM 模型广泛应用于进度管理、质量管理、成本管理,贯穿施工阶段、竣工阶段,其模型拆分到构件,将构件作为信息载体对施工阶段所有数据进行留存记录,除了模型精度的细化,施工过程中的质量、进度、成本也一一反映到模型构件中。

国内 BIM 协同管理平台可供造价咨询企业进行造价精细化管理,同时也将 BIM 模型纳入 BIM 协同管理平台辅助造价管理。区别于传统造价管理模式下大部分工程在施工过程中进行进度管理时通常采用的是形象进度管理模式,BIM 协同管理平台更趋向于在构件精度上进行精细化管理。施工过程中的造价精细化管理包括进度支付、合同管理、变更及签证管理、索赔管理等。目前的 BIM 协同管理平台将进度、合同、变更及签证、索赔等集成到一个平台进行数据集中,同时将各参建单位纳入平台管理。不同于 OA 系统,BIM 协同管理平台是精细化造价管理工具而不局限于流程化软件工具。

1. 进度精细化管理模块

造价管理中进度支付的前提是质量,构件质量合格是进度计量的前提。对于构件质量的记录,BIM 模型能够及时更新构件质量的情况,将可视化不局限于模型本身,而是将模型及附带的进度、质量、安全、造价等与构件相关的数据集成到 BIM 构件中,在进度支付前,质量问题将被一一反映在平台中并保留记录,构件的整改情况也被展示在平台中,不同于传统造价模式下,质量资料的线下化、不集成化,BIM 模型能够随着施工进度的更新,快速反映构件质量信息的变化,这也是在三维模型基础上的第四维度时间上的体现。

某地铁工程的施工时间较长,土建工期 5 年,验工计价的周期也较长,特别是在目前招标图不固化的情况下,正式设计施工图与招标图存在较大的差异,0 号台账和验工计价的工作就较为繁琐,会给投资管理带来较大的风险。目前通过在 BIM 协同管理平台上对线上 0 号台账和验工计价进行管理,0 号台账与每一册图纸一一对应,作为验工计价的上限进行风险控制,平台也将时时监控验工计价的数据,通过系统偏差分析时时预警并进行纠偏,同时与合同和概算进行关联,实现投资风险预警。

目前 BIM 协同管理平台还无法在进度支付过程中实现工程量的审核,工程量清单与 BIM 模型存在的底层矛盾会导致模型与平台无法完全融合,在目前的 BIM 协同管理平台的进度管理中,BIM 模型反映的质量和进度依然是作为验工计价的辅助指标使用。目前的验工计价只是将审核流程和支付流程线上化,但一旦模型与工程量清单之间的壁垒被打破,就可实现在线验收,驱动构件解锁可申请计量支付,形成完全匹配的管理思路,将构件、质量、完成进度等一一与现场匹配,将极大地提升 BIM 整个体系的使用效率,同时加强进度管理中的造价精细化管理。

工程竣工以后,BIM 协同管理平台的造价数据也将作为造价指标上传至指标平台。若模型与工程量清单之间的壁垒被打破,指标数据也将层级化,在指标平台中分类进入制订的层级库中使用,形成一个完整的数据链。

2. 合同精细化管理模块

在地铁项目中,合同繁多,对于建设单位而言,合同管理也相当重要。合同管理阶段应包含合同信息管理模块，根据不同的发承包模式，相应的合同模块种类也不同。合同管理模块的关键在于将合同条款与 BIM 构件及造价管理进行整合和关联，对每个合同细部的执行情况、进度情况进行记录和预警。此外，合同模块也会涉及变更、签证、索赔的管理，各模块的数据与信息相互联通，保持一致。从管理的系统性、全面性来说，未来可以考虑前置建模标准要求，将造价投资管理颗粒度建模需求前置在项目启动阶段，要求建模方考虑投资管理深度问题，从而减少或避免现阶段以设计管理为目标的建模深度情况。

在传统模式下，投资目标管理大多采用 Excel 编制及关联既往数据。城市轨道交通工程往往建设期较长、合同繁多，验工计价和 0 号台账等期数繁多，很多时候会造成人为关联的错误，最终导致合同执行的错误（如材料调差等涉及既往数据的链接关联）。利用 BIM 协同管理平台将数据程序化关联，避免人为造成的投资偏差。此外，从各专业、各单位工程、各分部分项工程到构件检验批，将质量与 BIM 构件挂接。但目前工程量清单未能与 BIM 构件挂接，只能手动关联。若发现偏差超过了设定的预警界限，需主动调整偏差值，尽量减少投资超支，达到事前干预、事中控制的效果。目前国内也有平台支持将 Excel 清单表导入平台后分摊至 BIM 构件，形成动态投资管理。

3. 变更及签证管理模块

目前的变更大部分由设计、地勘的遗漏或错误所致，可以通过 BIM 中的碰撞检测解决一部分的变更问题。现阶段信息传递主要通过管理人员书面沟通，纸质文件逐级传递，但工程项目的体量庞大，过程文件繁多，文件传递周期长，纸质资料容易损坏丢失。除此之外，工程变更的管理未有较及时闭合的流程。通过 BIM 协同管理平台，将变更及签证的管理集成在平台中，可以将变更单独看作一个子项目进行管理，最终将变更指令、变更设计、变更经济分析、变更实施、变更完成的整个过程并入 BIM 模型和平台中，将被动控制做到最佳，同时还可以强化平台对变更管理模块中流程自带时间的限定，自动管理各参与单位在各个审核环节按时完成工作，并设置自动到期提醒。在变更中发挥 BIM 协同管理作用，各专业的设计人员、施工人员对地铁项目各专业交叉以及后期深化可能造成的影响统一调控并模型化，减少针对单个变更发生后与现场或者后期不一致造成的多次变更及投资浪费。

4. 索赔管理模块

现阶段索赔问题处理过程中常出现信息不对等的情况，通过 BIM 协同管理平台与智慧工地串联，将施工现场的第一手资料保留在平台中，可以通过 BIM 构件信息将信息细化到构件中,对构件制作安装过程的时间进行记录,并将数据固化,索赔一旦发生,各个时间节点将被清晰展示,同时各参建单位在索赔事件中的来往函件也将同时被记录固化,便于对索赔事件进行管理。

目前国内大量的造价咨询企业、项目建设单位、施工单位正在通过 BIM 技术逐步优化造价管理模式,提高管理效率和质量,都在探索基于 BIM 技术的造价管理发展模式,同时政府、行业相关主管部门也在大力推行 BIM 技术。虽然目前 BIM 技术的实际运用可能暂时还没有传统造价管理模式效率高,但通过项目积累大量的 BIM 技术应用经验后,BIM 技术也势必会将造价管理的效率和精度推向一个新的高度。相信未来 BIM 技术将在造价管理的投资控制中发挥重要作用,提高投资控制的精度与管理效率。

5.2.4 现阶段 BIM 技术在造价管理应用中存在的问题

1. BIM 模型构件无法与现行工程量清单规范的层级衔接

某地铁工程已招标的工程量清单并未在设计阶段与 BIM 模型构件进行挂接生成唯一的工程量清单构件编码,也没有通过正向设计以及工程量清单层级关系和编码逻辑去对应唯一构件编码的 BIM 模型,而是通过传统计量计价方式进行项目工程量清单及组价的编制,中标后通过设计施工图建立 BIM 模型后再与中标清单挂接。国内现在很多 BIM 项目都存在此类问题,即反推工程量清单与 BIM 模型的关系,这也是较大的一个误区。由于工程量清单具有的唯一编码属性是前 9 位,后 3 位是根据此项工程量清单在项目中的数量罗列的,而轨道交通项目中有很多车站和区间。以某地铁工程为例,目前全线共设 14 座车站、13 个区间,仅"预埋铁件"就有 18 个工程量清单项,每一个工程量清单综合单价都不一致,如果采用反推的方式,必然会造成 BIM 软件无法反向识别拥有 18 个清单综合单价的"预埋铁件"清单,以 18 个预埋铁件的 BIM 模型作为基础去选择清单的时候就变成了 $C_{18}^1 \times C_{18}^1 = 324$ 次组合。这只是理论上需要的组合次数,而工程量清单的选择还存在人为因素的影响,也就导致算法匹配的结果不一定是人为想获得的结果。所以,工程量清单的层级、挂接需要通过正向设计的方式去正向挂接 BIM 模型,再通过模型获得工程量清单和编码唯一的综合单价,从而获得分部分项工程费。

对于无法实现模型参数化的总价措施费,特别是采用措施费包干的方式,间接导致了 BIM 模型无法处理此类费用。措施费包干导致无法从分部分项工程费中划分措施费,而项目合同是单价合同,也就导致了施工工程中分部分项工程费与中标的分部分项工程费不一致,无法通过 BIM 模型的抓取去拆分措施费。

上述问题也是发承包模式以及招投标模式导致的问题,若在招投标阶段提前提高 BIM 模型的精度,并同清单编制单位做工程量清单与 BIM 模型构件匹配及构件编码挂接,也可以解决上述部分问题。BIM 技术作为一个相对开源的技术,可以通过插件整合清单与定额,通过 Tekla 等软件处理不同专业的设计、计量工作,解决计价的单件性、多次性导致的计价不可逆性。所以在应用 BIM 之前需要提前明确 BIM 技术的应用深度和目标,在计量计价之前解决 BIM 技术衔接造价管理可能存在的多种问题。

2. 工程量计算规则不统一以及 BIM 模型精度问题

目前基于清单定额体系的计量过程是分别计算定额、清单工程量,并在相应清单子目下进行定额组价。此过程从量到价均由人为操作,包括最常见的广联达 GTJ 计量与 GCCP6 计价软件,当然 GTJ 也可以实现将一个构件挂接上清单、定额子目,并最终输出符合清单、定额计算规则的构件工程量。而 BIM 常用的计量软件 Revit 或 Bently 都无法实现在原生软件中将国标 2013 工程量清单以及各地区的地方定额进行挂接输出有效工程量,目前最常见的做法是通过国内第三方插件进行清单与定额的挂接,但由于构件的扣减关系与国内不一致,常会出现工程量归类错误、扣减错误的问题。例如,有梁板不扣除小于 $0.3\ m^2$ 的洞口、柱等,而 Revit 只要是开洞的洞口(不管多大或多小)均会扣减。在软件内置的默认计算规则下,显然部分工程量不满足现行国标 2013 工程量清单的计算规则。现阶段,咨询单位运用 BIM 技术需要复合型的专业造价人员,以便能够更好地理解 BIM 计量和建模原则,同时精通国内计量计价原则,从而避免 BIM 在精度上存在的差异问题。

BIM 模型从 LOD100 到 LOD500 的精度代表了模型不同的深化程度,目前常见的算量模型要适用于国标 2013 工程量清单,精度至少要达到 LOD300,所以从模型精度来分析,现行的清单计价与 BIM 技术依然存在错位配置的情况,清单无法将精度从 LOD100 延伸到 LOD500,同国标 2013 工程量清单的适用范围一致,需要模型达到招投标及施工的精度。

目前国内大部分软件商是通过 Revit 模型的插件形式插入工程量清单进行工程量计算,但这与 Revit 模型作为净量模型使用的情况不一致,插入工程量清单计算工程量实则是在净量模型上模拟算量模型提取符合工程量清单计算规则的工程量。每个造价人员对工程量清单都有不一样的理解,也就导致在 Revit 模型上的单个构件挂接不一样的工程量清单后输出的工程量不一致,且实际编制工程量清单时会借用各类清单,这也导致了更多的输出可能。以上的逻辑处理还未涉及定额,定额的扣减关系相比工程量清单更为复杂,工程量清单综合单价由定额构成,如将定额纳入BIM模型,只会将输出结果变成更为复杂的指数函数结果。现阶段在原生BIM平台(Revit等)做计量计价会存在一定的误差,但通过国内软件商的插件做BIM技术的造价管理运用,能够减少上述误差,进一步缩小与传统造价的差异。

3. 轨道交通清单计价模式BIM应用不完整

目前国内清单计量计价模式与国际清单的模式并不一致,国标清单的综合单价的构成并不单纯由一个工序的工、料、机组成,而是由工序产生定额,由定额组成综合单价,定额的组成不单纯是工、料、机,还有各种费用(各个地区定额费用的组成并不一致,例如管道、通风工程等),不同的定额拥有不同的计算规则,再加上定额工艺水平跟不上市场变化,导致定额的缺失,进而导致构件在很多情况下没有对应属性的定额,也就导致造价人员对定额的选取有不一致的意见,清单的综合单价会受限于定额的组成,即定额工程量会影响清单综合单价,从而导致造价人员在选用同一套清单的情况下会产生因定额规则的不一致引起的综合单价不同。人为选用的因素会对国标清单综合单价的构成造成较大的影响。下面以Revit模型来举例说明。

(1) Revit模型输出的工程量为当前输出构件的净量,而国标清单以及组成国标清单综合单价的定额会存在不一样的计量规则,这也就导致了Revit模型工程量不能直接作为造价人员计量计价的依据。

(2) 造价人员定义Revit模型单个构件清单归属属性时,会因为清单底层架构定额选用的不同,造成定额工程量单价不同,返回到归属清单则会出现清单综合单价不一致的情况。

当然,现阶段仍可以通过BIM技术去做施工阶段的造价管理工作,在招投标阶段,通过传统造价管理模式将工程量清单编制完成后挂接BIM模型,这样就可以在后续的管理过程中进行BIM模型的造价管理运用。

4. 工程量清单编制原则与建模编制原则不一致

例如,在工程量清单编制时考虑"挖一般土石方"和"围护基坑土石方",冠梁底标高以下和冠梁底标高以上。而建模团队对于工程量的划分是按照施工工艺进行的,对于土石方工程量则没有区分,也就导致土石方工程量需要重新切割,按照清单编制原则进行。工程量清单的层级只有分部分项一个层级,且对应的工程量计算规则也是在此层级上进行的输出,而BIM模型在不同的阶段有不同的精度要求,精度也可以理解为层级,一个构件从决策阶段到运维阶段被划分成多个层级,但工程量清单只有一个层级,也就表明BIM模型精度与工程量清单是包含关系而不是对等关系。目前也可以通过 BIM 模型构件的精度匹配工程量清单来输出数据。

5. 模型建立主体问题

BIM 模型作为建筑全生命周期的产物，是基于全生命周期的概念做到"一模多用"，但模型该由谁来建，是一个比较重要的问题。如果通过正向设计由设计院设计，此方法必然会导致设计速度大幅减缓，同时目前国内大部分设计院没有技术储备，设计人员重新学习三维设计进行施工图的设计存在一定的困难，设计人员需要与造价人员进行紧密沟通，将造价人员需要的相关信息在设计过程中录入到构件中。如果让 BIM 翻模团队来翻模模型，也存在同样的问题。如果让施工单位来深化模型或让咨询单位来翻模，都存在模型不信任问题，因为"一模多用"，施工单位与咨询单位代表了不同的服务主体和利益主体，也存在着不信任问题。

目前 BIM 技术与造价存在的主要差异是构件本身，造价咨询企业利用 BIM 技术将 BIM 模型本身作为辅助标准，将协同管理作为造价精细化管理核心技术的发展模式已较为成熟，进一步提高了造价管理的精度、效率。未来通过 BIM 技术与国内计价模式的继续优化与发展定能找到最完美的契合点，二者相辅相成，为造价咨询企业的数字化转型提供坚实基础。

5.2.5 BIM 技术在工程全生命周期各阶段造价管理应用中的探索

对于造价咨询单位而言，全过程工程咨询概念的提出，无疑对工程咨询行业的发展提出了新的要求和方向，对造价咨询公司和从业人员也提出了新的要求，包括业务思路的转变。造价咨询不再仅是统计工程量和套定额，更应该突出造价管理工作贯穿于整个工程建设过程中的重要作用，切实发挥造价管理的功能，这种转变要求造价咨询企业加快转型。从《"十四五"规划和 2035 年远景目标纲要》中"以数字化转型整体驱动生产方式"、《"十四五"数字经济发展规划》中"加快企业数字化转型升级"以及《房屋建筑与装饰工程特征分类与描述标准》中不难看出，全过程造价咨询工作对咨询企业和从业人员的素质及配置都提出了新的要求。从企业发展角度看，一个企业项目数据积累越多，越能给委托方提供较为全面的建议。数据的积累、共享将是企业未来竞争力不可或缺的重要部分。

1. BIM 技术在投资决策阶段造价管理应用中的探索

在项目建设的各个阶段，投资决策阶段对项目投资的影响达到 70%~80%。对于项目建设方来说，一个项目后期能否带来合理的收益将直接影响项目决策者的决定。在投资估算阶段应用 BIM 技术可以准确估计项目未来所需的投资，需要对项目全生命周期涉及影响决策的各类因素进行分析,包括项目定位、规划设计、方案比选、环境影响评价、工程进度计划、投资估算及资金筹措、国民经济评价、风险分析等方面。目前各类因素涉及的信息来源是多方面的,不能从单一来源解决,而 BIM 模型作为信息的载体,可以承载一个项目从决策阶段到运维阶段的所有信息,具有存储和分析数据的功能,可以建立一个庞大的历史项目信息数据库,在未来 BIM 项目达到一定体量后形成 BIM 数据库,从数据库中获取各种经济指标和参数进行投资决策指导,可提高投资估算的准确性。同时也可以利用 BIM 模型整合历史项目管理文档和投资文档,通过设置不同的特定项目参数,可以计算出投资计划和预估未来收益,项目决策者可以根据计算结果选择最佳投资方案。

思路一:在投资决策阶段可以通过对既往 BIM 项目的数据进行分析,从而获得最佳决策。在投资决策阶段,BIM 模型由设计单位进行初步设计,此时的清单应为一级清单,引入 BIM 模型,模型是从初步设计开始逐步深化,而在传统造价管理中,投资决策阶段运用的计价体系和招投标阶段运用的计价体系并不一致,投资决策阶段在工可、项目建议书阶段运用的是指标体系,而初步设计、概算阶段运用的是定额体系,施工阶段运用的是清单体系,所以从计价体系分析造价管理,每一阶段都意味着需要重新编制,而不是在既有体系上细分,且定额体系对应的是工艺,清单体系对应的是报价,二者从某种意义上讲是由细到粗的过程,而 BIM 模型是由粗到细的过程,二者的发展方式不一致,所以要采用 BIM 模型,就需要对清单体系进行细分,从投资决策阶段开始做清单,以 BIM 模型及清单作为导向去收集数据,并形成该阶段的数据库。

思路二:在投资决策阶段,可以利用历史数据指标、构件拟建项目成本目标,基于目标成本进行投资决策阶段 BIM 建模,辅助方案决策,并进一步深化到施工图阶段。

2. BIM 技术在工程设计阶段造价管理应用中的探索

通过 BIM 技术的运用,从传统平面设计到三维设计并反向出图(包括车站区间结构、机电、安装、装饰装修独立设计等),不同专业往往会出现标高错误、范围碰撞、交叉位移等情况,需在前期投入大量的设计复核人员进行各专业的交叉复核,但复核的精度和效果仍无法媲美 BIM 协同各专业绘图以及碰撞检测的效率和精度。这些错误的设计在施工过程中体现出来,必然会对造价管理带来不确定性,从而引起投资的变化。通过 BIM 技术将各专业设计进行整合协同并可视化,在设计过程中直接解决人为因素造成的工程变更。同时,利用 BIM 技术可视化模拟施工同样可以减少施工工艺工序交叉、环境因素带来的工程变更,优化整个设计方案。

基于 Revit 模型能够快速生成构件唯一工程量，不同于算量模型在构件工程量上的不确定性。在传统造价管理中，计量环节需要专业造价人员通过对图纸的理解运用广联达 GTJ 建立算量模型，同样的图纸因由不同的人员绘制，在模型工程量输出时会不一致。未来 BIM 的操作模式可由设计单位建立 BIM 设计模型，在建模的时候就已经有了工程量，在设计阶段，设计单位基于决策阶段的 BIM 模型进行深化设计，设计单位或造价咨询单位的专业人员通过设计阶段的二级清单架构输入匹配的清单，再与既往 BIM 项目类似二级清单的单价进行比对分析，快速获取项目工程造价，并分析偏差率，从而使设计阶段的工程造价可控。

在传统设计阶段，各专业设计人员各自为营进行设计工作，常会出现工程变更。在城市轨道交通项目施工过程中，工程变更会导致投资的不可控，主要影响如下：

（1）工程变更对工期的影响。工程变更的审批周期往往较长，前期工程变更要判断必要性和可行性。从工程变更的经济分析到按金额大小分类进行审批，基本变更时长都在一个月以上，由此带来的是建设单位年度投资计划的资金背负压力、施工单位的现场管控问题，工期也会相应地被拉长或者缩短，工期的长短也会间接影响各类间接费的增减以及索赔问题的发生。

（2）工程变更带来的单价的问题。由于工程变更往往是原来清单中不存在的，涉及重新组价，对投资来说也带来了一定的不确定性，需从根源解决设计自身带来的投资影响问题，解决各专业协同设计问题，减少施工过程中因设计问题发生的工程变更。

对于咨询单位来讲，目前很多全过程造价咨询都是施工阶段的咨询工作。咨询单位从 BIM 模型深入全生命周期的咨询工作，在设计阶段解决类似于措施费的编制问题。咨询单位对于措施费特别是技术措施费往往是按一般项目考虑的，未以工艺需要的技术措施去编制，导致部分技术措施费不满足或超过项目本身的需要。通过 BIM 技术模拟有关技术措施方案的演变，才能编制出适合项目本身的措施费，避免投资的浪费或投资的不准确。

此外，前期应当就建模标准提出投资管理的相应要求，将总投资锁住，不能放任在设计阶段以设计管理为目标的建模深度，需要将造价成本管理颗粒度建模需求前置到项目启动阶段，要求建模方考虑投资管理深度问题。

3. BIM 技术在工程招投标阶段造价管理应用中的探索

在传统的工程清单编制过程中，特别是对于轨道交通工程一条线路上存在大量重复且一致的构件与数据清单，通常由不同的咨询单位协同配合编制，在这个过程中往往会因各自理解的不同，或牵头单位制定的编制标准不细致，以至于最终各车站、各区间在建模工程量以及最终输出的清单工程量的算法上存在不一样的情况，导致最终各单位工程招标清单计量计价原则不一致，到后期施工过程中的计量也会存在较大风险。通过 BIM 技术能够处理这类问题，在项目初期，由建模人员、造价人员、设计人员就 BIM 模型标准族库进行编制，将一条线上大量重复且一致的构件进行归类并制定绘制入库标准信息参数，以便后续建模期间通过前期制定的标准族库的调用达到量价一致，解决招投标阶段清单不统一的情况，实现协同工作模式。

运用 BIM 技术将施工中的造价管理风险控制在招投标阶段，基于 BIM 技术的建设工程招投标流程如下：

在招标阶段，设计单位负责深化初步设计阶段的 BIM 模型，将各专业图纸深化到施工图阶段。

建设单位可以根据设计单位深化后的模型，更加清晰明了地了解整个项目的结构形式，对于有后期运维的项目，也能通过 BIM 模型的三维展示调整运维思路或调整 BIM 模型，减少后期设计变更。

咨询单位在传统招投标程序中，因为设计图的问题要与设计单位多次来往函件，且由于设计自身缺陷、咨询单位专业人员对图纸理解不够、翻模错误等导致发布的招标清单存在漏项问题，以致施工过程中的造价控制难以量化。通过 BIM 技术，由设计单位完成造价咨询单位提供的满足招投标阶段 BIM 模型精度要求的模型，咨询单位根据设计的三维模型进行工程量清单的深化与录入，同时对 BIM 模型无法完成的部分进行剥离，并进行传统的计量计价，最终融入 BIM 架构中，从而减少招投标过程中清单工程量不一致以及漏项的问题。咨询单位根据设计阶段深化后的 BIM 模型，对清单进行深化，细化清单层级。如清单不限价，则可以在细化清单层级与 BIM 构件层级匹配后输出；如需限价，则根据市场情况以及与既往 BIM 模型清单综合单价数据库中的数据进行对比选择，或者根据目前的定额体系进行组价后再增补进入构件清单综合单价，咨询单位应将 BIM 模型构件编码、清单编码等信息整合，保证一一对应，使 BIM 模型成为一个包括数据模型和行为模型的复合结构。BIM 模型的深化由设计单位完成，咨询单位对 BIM 模型的深化是清单架构的深化，所以就工程量而言，是设计单位根据设计深化模型后的实物工程量。虽然传统招投标的工程量也可作为参考工程量，一般单价合同都会约定工程量按实计取，但是此工程量与 BIM 模型实物工程量有本质的区别，咨询单位编制的最高招标限价在使用国有投资的政府项目上是清单＋定额模式，并未实现量价分离,而是在定额的模板上"套了一个清单的壳子",未来清单计价模式实现量价分离后,BIM模型实物工程量将得到进一步的认可。咨询单位在做BIM模型构件清单时,工程量清单单价将从定额体系中剥离,实现量价分离,构件工程量也不会影响清单综合单价。对于咨询单位来说,设计深化后的BIM模型能真实地提供工程量,加之自动化算量方法具有高效性,可以让造价管理专业人员从不断重复的计量工作中脱离出来,从而将更多的时间用于合同预判与分析、造价数据的分析与精细化管理。

招标代理机构可以将所有需要发布的信息通过BIM模型及协同管理平台发布至招标网上供投标单位下载。

施工单位需要根据招标人的招标文件、工程设计资料、每个清单项对应构件属性工程量及完成的工程实体应符合的相关质量标准等条件,编制符合企业自身情况的投标报价。投标人面临投标时间比较紧张的问题时,如何精准且迅速地计算工程量成为招投标阶段工作的难题。施工单位根据招标单位发布的BIM模型进行投标,从模型复核、进度管理、成本控制等方面进行BIM模型深化,投标人可以借助BIM模型,完成高效的设计方案、工程造价和施工方案编制,进一步降低招标人和投标人的操作难度和成本支出,提升效率。投标人运用BIM模型快速准确地完成投标报价和符合自身企业管理水平的施工组织设计。相对于传统的二维图纸模式,BIM技术使得招投标的效率大幅提升。业主方可以委托造价咨询单位编制基于BIM模型生成的分部分项招标清单,由投标单位报价。最终在导入平台后形成中标价和合同价,构建基于数据源的BIM全过程动态投资管理。

评标专家可以通过"模型-进度"展示、"模型-成本"展示、"模型-进度-成本"展示等多个维度对投标意图进行理解,进而给出评审结果。

基于信息化操作和BIM协同管理平台的数据共享,建设主体各方可以更快地掌握并应用BIM技术,推动建设工程数字化升级,从而提高整个建筑行业精细化造价管理水平。同时,将BIM技术引入招投标系统,也会带来合同发承包模式革新,当BIM技术在发承包双方都有良好的运用基础和数据库以后,可以减少合同变更、索赔的发生。

4. BIM技术在工程施工阶段造价管理应用中的探索

施工阶段的造价管理目标是将投资控制在批复投资内,随时对实际发生造价和目标值在后台进行对比分析,发现偏差及时预警,再由专业技术人员从造价管理、施工合同条款等角度分析偏差,并及时提供相关专业意见或修偏。BIM技术能够对工程计量、设计交底、方案分析、深化设计、工程变更、材料消耗量和损耗量、进度款支付、索赔管理和资金计划等各方面进行精细化管理。利用BIM技术完成对轨道交通多专业的整合，通过BIM模型关联构件质量、投资、进度，为技术和造价管理人员提供直观准确的分析模型；通过模块的详细划分，帮助专业造价管理人员完成对投资的精细化管理，并对项目决策起到辅助作用；通过BIM模型的运用，可真正实现施工过程中的投资最优化。

在未来BIM构件与清单、定额之间存在的壁垒被打破，以及实现BIM构件自动化计量能够匹配清单计算规则及误差率后，对0号台账、验工计价的管理将在现有模式下减轻造价人员的工作量，除了对BIM模型无法处理的部分工程量进行计量计价外，造价人员可将工作重心放在合同管理、投资控制、索赔风险控制上。在验工计价过程中，通过读取现场实际进度，抓取与进度匹配的构件数量，列入BIM协同管理平台的验工计价流程中，减少验工计价计量过程，仅对过程中的工程变更进行量价分析。构件必须通过质量验收管理写入已验收属性，才可发起计量申请，否则总包单位无法对验收的构件发起计量申请。目前，国内某机场项目已经进行了成功的探索与实践，从实际效果来看，这大大减轻了造价管理人员的复核工作量。

BIM协同管理平台将构件作为信息载体，关联构件全生命周期的信息，将信息固化到构件，构件在各参建单位的记录过程中的信息，包括从构件的工、料、机再到浇筑或安装，施工单位、监理单位、质检单位、建设单位的工作痕迹都将记录在构件上，咨询单位可以直接通过构件查询。咨询单位在验工计价过程中，完全可以根据构件的信息判断构件是否达到验工计价的条件，减少咨询单位专业造价人员寻找资料的环节，让过程控制变得更高效。

5. BIM技术在工程竣工结算、运维阶段造价管理应用中的探索

竣工阶段的工程造价管理是对整个项目建设投资进行确定。应用BIM技术可以实现造价数据的动态分析与控制，让专业造价管理人员能够及时了解构件本身各阶段的数据情况，并通过数据的收集和分析，根据实际发生的工程量与造价信息的对比，计算出各阶段的单价情况，尤其是变量情况，以此了解进度款的具体情况，其呈现的信息量可完全表达竣工实体工程信息量，使竣工结算更加高效、准确、省时省力，并确保对项目投资的全面精细化管理，从而促进造价管理精度、效率、质量的提高。通过BIM技术可以与既往类似BIM模型或既往类似项目在类似节点的问题进行对比分析，检查在建项目，进行主动控制管理，这样既可以对整个项目过程中的历史数据实现追溯，同时也可对在建项目进行纠偏。

6. BIM技术在城市轨道交通中的装配式工程中的运用

目前，越来越多的城市在建造地下车站或区间时都采用装配式工艺。装配式工艺的优势在于，在地下车站的修建过程中降低了现浇工艺的难度，在区间采用盾构和管片工艺，也带来了工期的优化和安全质量的提高。

装配式建筑本身构件化的特点与国际主流的 BIM 技术具有一致性，二者在造价管理的细分架构上有很多类似之处。全预制装配式构件是将构件生产作为一个完整构件运输至施工现场与其他关联构件进行搭接拼装。BIM 在建模时会建立"族"，并将各个构件进行拼接，如在 BIM 建模过程中将族群的细度与构件厂的构件保持一致，这种"族"与全预制装配式建筑的"构件库"保持一致，将使得 BIM 技术与装配式建筑在现阶段造价管理中突破工程量清单层面的限制成为可能。

5.2.6 基于 BIM 技术的多层级清单架构的探索

1. 基于 BIM 技术的工程计价

基于 BIM 技术实现工程计价是 BIM 技术应用到造价管理中的基础性工作之一。目前，基于 BIM 技术的工程计价主要有两种方式：①将 BIM 信息导入其他软件或通过相关插件与 BIM 软件建立连接计量；②直接在 BIM 软件上篡改底层代码中的计算规则或在特征中记录清单特征描述。

前者不能实现全生命周期的设计以及造价数据的延续，但对于施工阶段的联动基本可以实现，计量的精度有待进一步提高。后者需要解决诸如扣减、构件相交和附属关系等规则的不同带来的计量误差。目前部分软件商开发的插件在专业人员按照制定的建模规则下的建模误差在 3% 以内，与人工计量精度的差异较小。以上两种方式主要适用于设计阶段的概预算编制。从全过程造价管理的角度，目前可在国内软件商广联达开发的 BIM-5D 平台上集成基于设计的各专业工程计量模型，但由于广联达算量模型不同于 BIM 实物量模型，不能基于构件模型实现精细化的造价管理。上述 BIM 技术与工程计价方法难以高效融合的主要原因有：

（1）BIM 建模的数据输出标准与计价软件的数据输出标准不同，无法实现软件之间的交互与共享。

（2）BIM 内置的布尔运算与现行工程量清单或定额的计量规则存在差异，造成二者工程量统计差异。

（3）BIM 构件模型的精度与工程量清单或定额的层级不一致，需要将层级以及精度进行有效的匹配与结合。

（4）国内部分地区造价咨询单位承接全生命周期中的一个阶段或多个阶段的造价咨询工作，大部分情况下无法承接全生命周期的造价咨询工作，不同的造价咨询单位在编制造价清单时由于信息不共享，构件的分类、区域的划分等规则都存在不一致的情况，最后核对的工程量也只是核对一个大范围区域的总体工程量，很难做到工程项目精细化管理要求的按构件、按区域、按进度拆分成本。

2. 基于 BIM 技术的工程量清单计价

清单工程量是通过 BIM 模型输出的清单实物量。工程量清单综合单价采用全费用综合单价，包括人工费、材料费、施工机具使用费、企业管理费、一般风险费、利润、规费、税金等所有费用。然后在 BIM 模型中将构件与制订的全费用综合单价进行挂接并输出建设投资。

基于 BIM 技术的工程量清单计价模式最重要的环节是清单与构件的细分与组合，不同的项目需要从项目自身特点以及精度要求出发设置模型与工程量清单。这样的分解方式仅仅包含一个层次，也就是招投标、施工过程和竣工结算的工程量清单部分。而多层级工程量清单，从整体到局部逐步分解，从投资设想到运维阶段的延续，将工程量清单从粗到细分解到符合项目要求的计量清单进行计价，而且还有施工阶段的各个工作内容和施工工序的分解。比如英国的 SMM 清单分类标准的第一层级就包含了项目的扩大分部工程分解和在施工过程中需要用到的场地工程、合同信息等内容，这样的分类方式就可以满足项目全生命周期的投资、成本数据标准统一的要求。在设置多层级工程量清单时，不但要满足工程造价的需要，还需要满足工程发承包模式的需求以及 BIM 构件的精度划分要求。尽量做到 BIM 模型精度与清单层级保持一致，多层级工程量清单的第一层级应满足项目估算需求，第二层级应满足初步设计需求，第三层级应满足施工图预算需求。每一层级对于构件的赋值深度在进一步加深细化，从而满足不同层级的设计深度需求。另外，多层级工程量清单还应满足工程发承包模式的需要。不同发承包模式需要满足的设计深度、项目各参建方参与深度等各种信息精度都不同。

工程量清单分解就是将清单层级化，但此层级不是从项目管理的单项、单位、分部分项逻辑划分，而是从施工工序进行层级划分。多层级工程量清单构件，不仅要能够表达构件的形式，而且要满足不同阶段的 BIM 模型精度、造价管理精度、设计深度、建设单位管理要求。分析装配式建筑的计价信息需求时，每一阶段的计价信息依然可以运用模块化理论进行分解，主要表现为装配式预制构件的模型模块化。将精度不高的大模型模块化为精度较高的中等模型，再将此模型进一步模块化为精度更高且匹配工程量清单层架的模型。模块分解后的计价通过与目前的定额计价体系或未来的挂接 BIM 动态数据库比对分析挂接单价，使得计价更加准确。通过上述分析可知，BIM 模型每一个构件承载的信息非常多，通过 BIM 协同管理平台的数据库将相应数据冗余，并随时调配与其他项目进行模块化构件的差异对比分析，实现指标分析的信息化、模块化、可视化。

5.2.7 未来造价咨询企业对 BIM 技术运用的探索

未来 BIM 技术运用于造价管理的潜力巨大。传统造价管理人员对于数字化转型带来的极高学习成本接受度不高，这也是大部分人不愿意从传统的管理模式中抽离去学习 BIM 相关知识的原因。大部分咨询企业的专业造价人员不具备复合型知识，但对于企业以及员工而言，数字化转型是必须经历的过程，包括公司管理模式的改变、专业技术人员知识储备的提高、数据管理的升级等。对于专业技术人员而言，从传统的计量计价中转换到数字化造价中存在许多疑惑，未来是否会因为 BIM 技术而完全被 BIM 计量取代，或者未来在 BIM 技术中如何实现造价管理。笔者对未来 BIM 技术下专业技术人员转型思考如下。

在国内工程项目管理模式下，咨询公司作为第三方服务者，为建设单位或服务对象提供相应的造价服务，这类服务目前来看与其他行业都相对孤立，但是从资料层面看又紧密相连，在 BIM 技术的指导下，各参建单位将融合在一个系统层面进行管理和协同工作。从 BIM 模型的搭建到逐步深化的过程中，咨询公司的专业技术人员都需要进行深层次沟通交流。从 LOD100 到 LOD500 精度上的广度与细度，都需要专业造价技术人员提供与造价相关的建模思路及清单计算规则的搭建思路，专业造价技术人员需要拥有工程计量与计价的完整数字模型，将计量规则以及搭建思路的清单映射到模型中，并将要求提供给 BIM 模型设计者（设计院或 BIM 专业建模人员），让最终各阶段输出的 BIM 模型能够匹配计量计价标准且适用于大部分工程量。专业造价技术人员的身份更多地转变成造价管理者。根据既往项目经验以及对清单和项目的了解，输出需要的清单架构和计量架构，并最终将成果展现在 BIM 模型中。

另一个思路就是由设计院正向设计 BIM 模型，造价咨询单位负责对造价管理模型颗粒度进行审核，会同设计单位查漏补缺，并负责基于设计院提供的 BIM 模型编制造价属性并写入模型信息。这样做的优点是，模型标准由设计院提供，投资信息由造价单位负责，责任分界清晰。

1. 投资决策阶段

专业造价技术人员需要对工程项目的特点、既往 BIM 项目的经验、服务对象的需求进行融合，统一向 BIM 建模人员输出在投资决策阶段需要的 BIM 模型精度，从而获得相应精度的单位或单项工程指标工程量，并通过既往 BIM 项目的数据调用以及换算快速获得所需的经济指标。此外也可以同步考虑通过传统模式下历史数据的重新整理并录入平台,将造价咨询企业多年的项目积累价值最大化。

2. 设计阶段

在从初步设计到施工图设计阶段中,专业造价技术人员要协同BIM建模人员对投资决策阶段的BIM模型进行进一步的深化,并提供对应时段所需的清单要求以及建模要求,将所需的清单工程量计算规则以及项目特征完整地反映在BIM模型当中,并与BIM模型的精度匹配,同时将无法通过BIM模型完成的工程量剥离,进行传统的算量计价并最终融入BIM架构中。此过程需要专业造价技术人员对BIM模型的族群搭建思路、现阶段需要的清单类型和细度、工程量计算规则有较高的掌握程度,最终才能输出符合造价管理要求的造价数据。

3. 施工阶段

在施工阶段,造价专业技术人员通过BIM协同管理平台掌握实际施工进展情况,BIM更强调协同性和及时有效性,精度可达到每个构件的质量进度情况,且每个构件具有唯一性。在国家推行的过程结算中,目前往往因为资料问题以及合同管理问题无法进行有效及时的过程结算,大量项目仍是竣工结算,而BIM技术通过对构件的追溯,将现场实际施工的构件情况完整地反映在BIM平台上,将资料数字化、公开化,随时调配权限,造价专业技术人员可以完成构件计量计价(除少部分合同约定竣工结算才能完整的价款)。同时在过程进度审核中,特别是对于轨道交通工程、线性工程、车站、车辆基地、区间等较大较长工程,如将BIM技术与无人机技术、人工智能等新型技术结合,在清单完备的情况下,完全能够实现计量的自动化处理。

BIM是企业造价管理数字化升级的重要技术,亟须构建一个适合BIM技术运用的清单结构、构件管理、合同管理、指标管理的发展模式。咨询单位通过BIM技术和大数据的应用,能够实现工程全生命周期数据共享和精细化造价管理。以BIM技术作为核心技术,将动态数据库与BIM技术结合的模型数据库和协同管理平台的发展模式将极大提高造价管理模式的效率与质量,为企业完成数字化转型、实现高质量发展助力。

参 考 文 献
REFERENCE

［1］中国城市轨道交通协会.城市轨道交通2022年度统计和分析报告［EB/OL］.(2023-03-31). https://mp.weixin.qq.com/s/NBgSg-woFjFOjDG9vV6uLA.

［2］上海申通地铁集团.非凡十年 申通地铁集团高质量发展交出卓越答卷［N/OL］.(2022-10-11). http://www.shmetro.com/node49/202210/con116527.htm.

［3］全国造价工程师执业资格考试培训教材编审委员会.全国一级造价工程师职业资格考试培训教材［M］.北京:中国计划出版社,2021.

［4］住房和城乡建设部标准定额研究所,中铁第五勘察设计院集团有限公司.城市轨道交通工程设计概算编制办法［M］.北京:中国计划出版社,2017.

［5］中华人民共和国住房和城乡建设部,中华人民共和国国家质量监督检验检疫总局.建设工程造价指标指数分类与测算标准:GB/T 51290—2018［S］.北京:中国建筑工业出版社,2018.

［6］中华人民共和国住房和城乡建设部,中华人民共和国国家质量监督检验检疫总局.城市轨道交通工程工程量计算规范:GB 50861—2013［S］.北京:中国计划出版社,2013.

［7］中华人民共和国住房和城乡建设部,中华人民共和国国家质量监督检验检疫总局.建设工程造价咨询规范:GB/T 51095—2015［S］.北京:中国建筑工业出版社,2015.

［8］上海市建筑建材业市场管理总站,上海市建设工程咨询行业协会.建设工程造价咨询标准:DG/TJ 08—1202—2017［S］.上海:同济大学出版社,2018.

［9］上海市建筑建材业市场管理总站,上海申通地铁集团有限公司.上海市轨道交通工程预算定额:SHA 3—31—2016［S］.上海,2016.

［10］上海市建筑建材业市场管理总站,上海建科造价咨询有限公司.建设工程造价指标指数分析标准:DG/TJ 08—2135—2020［S］.上海:同济大学出版社,2020.

［11］张欣然.基于BIM的装配式混凝土建筑工程量清单计价模式研究［D］.北京:北京交通大学,2019.

［12］刘畅.基于BIM的房建工程的多层级工程量清单构建研究［D］.北京:北京交通大学,2017.

［13］王敏.BIM技术在建筑工程全过程造价管理中的应用研究［D］.上海:华东交通大学,2021.

［14］向思琳.基于BIM的高层公寓建设全过程造价管理研究［D］.济南:山东大学,2018.

[15] Thomas D M, Dianne M M. The future of BIM: Digital transformation in the UK construction and infrastructure sector[J]. The Royal Institution of Chartered Surveyors (RICS), 2020: 1-52.

[16] 李景,张军岐.用模糊数学的原理构建动态工程造价指标数据库及应用[J].中华建设, 2019(20):206-207.

附 录

上海正弘建设工程顾问有限公司历年承接的城市轨道交通工程项目一览表

附表1 城市轨道交通工程项目一览表

序号	所涉工程项目名称	工程所在地
1	上海轨道交通2号线	上海
2	上海轨道交通6号线	
3	上海轨道交通8号线	
4	上海轨道交通10号线	
5	上海轨道交通11号线	
6	上海轨道交通13号线	
7	上海轨道交通14号线	
8	上海轨道交通15号线	
9	上海轨道交通18号线	
10	上海世博园区专用交通联络线	
11	广州轨道交通4号线	广东广州
12	广州轨道交通8号线	
13	广州轨道交通13号线	
14	广州轨道交通14号线	
15	广州轨道交通18号线	
16	广州轨道交通21号线	
17	广州轨道交通22号线	
18	东莞轨道交通1号线	广东东莞
19	长沙轨道交通2号线	湖南长沙
20	长沙轨道交通3号线	
21	长沙轨道交通5号线	
22	长沙轨道交通6号线	

（续表）

序号	所涉工程项目名称	工程所在地
23	厦门轨道交通 1 号线	福建厦门
24	厦门轨道交通 2 号线	
25	福州轨道交通 1 号线	福建福州
26	福州轨道交通 2 号线	
27	南宁轨道交通 1 号线	广西南宁
28	合肥轨道交通 1 号线	安徽合肥
29	合肥轨道交通 3 号线	
30	合肥轨道交通 4 号线	
31	合肥轨道交通 7 号线	
32	合肥轨道交通 8 号线	
33	无锡轨道交通 4 号线	江苏无锡
34	无锡轨道交通 5 号线	
35	常州轨道交通 1 号线	江苏常州
36	苏州轨道交通工程	江苏苏州
37	济南轨道交通 R2 线	山东济南
38	贵阳轨道交通 1 号线	贵州贵阳
39	贵阳轨道交通 2 号线	
40	武汉轨道交通 2 号线	湖北武汉
41	呼和浩特轨道交通 1 号线	内蒙古呼和浩特
42	呼和浩特轨道交通 2 号线	
43	绍兴轨道交 1 号线	浙江绍兴
44	重庆轨道交通五 A 线	重庆
45	重庆轨道交通 15 号线	

后　记
POSTSCRIPT

　　本书结合项目实践，以城市轨道交通工程为例，对全过程工程造价咨询服务进行了诠释。鉴于城市轨道交通工程本身是一个十分复杂和庞大的系统，全过程工程造价咨询又是一个全新的概念，再加上时间仓促，在本书的编撰过程中，虽然编写组已经作出了极大的努力，但仍然难免会有一些不足与遗憾，还望各位读者予以谅解和指正。

　　本书编写组在编撰过程中，得到了公司同仁、编委会、相关建设单位、行业协会、管理部门等各方面的大力支持，也得到了审核组专家的悉心指导，还得到了同济大学出版社的积极帮助。在此，编写组特别向大家表示衷心的感谢！